레이첼 카슨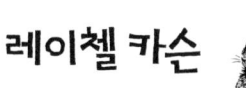

『침묵의 봄』을 쓴 생태환경운동의 선구자

Rachel Carson : Voice For The Earth
by Ginger Wadsworth

Text Copyright ⓒ 1992 by Ginger Wadsworth
All rights reserved.
Korean Translation Copyright ⓒ 2005 by Dourei Publication Co.

This Korean edition is published by arrangement with Lerner Publications Company, a division of Lerner Publishing Group, 241 First Avenue North, Minneapolis, Minnesota 55401 USA through Korea Copyright Center, Inc., Korea.

이 책의 텍스트와 이 책에 실린 사진 및 삽화의 한국어판 저작권은 (주)한국저작권센터(KCC)를 통해 저작권자와 독점 계약한 도서출판 두레가 갖고 있습니다. 저작권법에 의해 한국 내에서 보호를 받는 저작물이므로 무단 전재와 복제를 할 수 없습니다.

두레아이들 인물 읽기 ❷

레이첼 카슨

『침묵의 봄』을 쓴 생태환경운동의 선구자

진저 워즈워스 지음 | 황의방 옮김

두레아이들

어머니 대지와 교감하는 예언자였던
나의 어머니 도로테아 에버츠에게
이 책을 바칩니다.

 -G. W.

레이첼 카슨 Rachel Carson, 1907~1964

오늘날의 생태환경운동은 레이첼 카슨으로부터 시작되었다고 해도 지나친 말이 아니다. 살충제와 제초제를 비롯한 여러 화학물질들이 수많은 생명과 자연을 어떻게 죽이고 파괴하며, 그것이 거꾸로 인간에게 어떤 재앙을 가져다주는가를 본격적으로 밝혀 줌으로써 자연을 바라보는 사람들의 눈을 전혀 새롭게 바꾸어 놓았기 때문이다.

레이첼은 자연이 정교한 그물망처럼 서로 긴밀하게 연결되어 있으며, 조화와 균형을 유지하도록 만들어져 있다는 것, 따라서 그 조화를 깨뜨리면 자연의 질서가 무너져 재앙을 피할 수 없게 된다는 것을 날카롭게 관찰하고 그것을 입증하여 전 세계 사람들을 전율케 했다.

'20세기를 움직인 책 10권' 가운데 하나인 『침묵의 봄』을 써서 『국부론』, 『종의 기원』과 함께 세계의 역사를 바꾸어 놓았던 사람, 그리하여 《타임(TIME)》지가 뽑은 '20세기를 변화시킨 100인' 가운데 한 사람으로 평가되는 레이첼 카슨. 이 레이첼은 어떻게 하여 '지구의 딸', '지구의 목소리' 레이첼 카슨이 된 것일까?

  우리는 이 책에서 깨끗하고 아름다운 혼을 가진 한 위대한 여자의 눈을 통해 자연을 바라봄으로써 자연이 얼마나 아름답고 경이로우며 신비로운지를 알게 되고, 이 지구가 우리에게 얼마나 소중한 별인지를 깨닫게 된다. 그리하여 이 아름다운 지구를 아끼고 사랑하기 위해 우리가 날마다 무엇을 해야 할 것인지를 깨닫게 된다.

감사의 말

내게 도움을 준 많은 사람들과 단체들에 감사드린다. 나의 조사는 코네티컷 주 뉴헤이번에 있는 예일 대학교 베이네크 도서관에서 시작되었다. 이 도서관의 사서인 빌 핀리와 퍼트리샤 윌리스는 내가 『레이첼 카슨 전집』을 볼 수 있도록 도와주었다. 매사추세츠 주 링컨에서 나는 휴턴 미플린 출판사의 레이첼 담당 편집자였던 폴 브룩스와 그의 아내 수지 브룩스를 만나 보았다. 우즈 홀에서는, 레이첼 카슨이 처음으로 바다를 보고, 해양생물학 연구를 시작한 곳을 둘러보았다. 그리고 레이첼의 양자라고 할 수 있는 종손자 로저 크리스티는 내게 그의 갓난 아들 토머스를 소개해 주고, 또 메인 주 사우스포트에 있는 레이첼의 여름 오두막과 해변으로 나를 안내해 주었다.

메인 주에서 나는 또 자연보존회 사무실을 방문했고, 레이첼 카슨 소금못 등 몇몇 자연 보호 지역도 가 보았다. 레이첼 카슨 야생생물 보호구

역의 오솔길을 걸어 보기도 했다.

두 번째 조사 여행을 하면서 나는 레이첼 카슨이 어린 시절에 살았던, 펜실베이니아 주 스프링데일에 있는 집에 가 보았다. 지금 이 집은 레이첼 카슨 농장이 되었는데, 이 농장의 농장장을 지낸 에블린 허틀과 이야기를 나누었다. 근처에 있는 피츠버그에서 전에 펜실베이니아 여자대학이었던 채텀 대학교의 운동장도 거닐어 보았다. 워싱턴 시에 있는 레이첼 카슨 위원회에서 나는 레이첼의 오랜 친구인 셜리 브리그스와 이야기를 나누었다.

나는 또한 웬디 웨어햄, 도로시 스틸링, 도로시 톰프슨 세이프, 프리먼 일가, 그리고 내가 전국 각지에서 만난, 레이첼 카슨의 '목소리'를 전파하는 데 헌신적인 수많은 작가와 연구자들에게도 많은 도움을 받았다.

진저 워즈워스

차례

감사의 말 • 8

1. 자연과 사귄 외로운 아이 1907~1919 • 13
2. 과학자가 되기로 하다 1919~1929 • 29
3. 포기하지 않은 작가의 꿈 1929~1940 • 41
4. 전쟁이 바꾸어 놓은 것들 1941~1945 • 57
5. 바다 밑 대모험 1945~1951 • 69
6. 과학과 시가 결합된 『우리를 둘러싼 바다』 1952~1953 • 83
7. 작가와 과학자로 모두 성공하다 1954~1957 • 97

8. 생명을 위협하는 흰색 가루 1957~1958	•	113
9. 『침묵의 봄』, 세상을 깨우다 1958~1962	•	127
10. 생애의 마지막 여행 1962~1964	•	145
에필로그	•	163
* 부록		
『침묵의 봄』은 어떤 책인가?	•	173
레이첼 카슨 연보	•	184

레이첼은 많은 시간을 밖에서 보내는 외로운 아이였다.
대개 애견 캔디와 팻이 그의 친구가 되었다.

1. 자연과 사귄 외로운 아이

1907 ~ 1919

> "나는 내가 바깥과 자연계에 흥미를 갖지 않았던 때를 기억할 수 없다."

레이첼은 신문의 서평란에 실린 기사를 오려 냈다. 그리고 첫 구절을 유심히 읽어 보았다.

레이첼 카슨이 또 해냈다! 이 조용하고 수줍은 여인이 바다에 관한 베스트셀러를 또 한 권 내놓은 것이다. 그러나 호리호리하고 예쁜 카슨 양은 그 바다의 가장자리에서 편안해 보이지 않는다.

레이첼은 밖을 내다보았다. 이제 막 동이 트고 있었지만 새들은 소나무 숲에서 부산하게 움직이고 있었다. 물결이 해안 바위에 부딪치는 소리가 들렸다. 레이첼은 표본 채취병들을 챙기고 쌍안경을 목에 걸었다. 그는 바지를 무릎까지 걷어올리고 모자를 썼다. 아마 아무도 그를 알아볼 수 없기에 그는 해안에 고인 바닷물을 혼자 탐사할 수 있을 것이다.

레이첼 루이스 카슨(Rachel Louise Carson)이 1907년 5월 27일 대서양에서 수백 킬로미터 떨어진 펜실베이니아 주 서부에서 태어났을 때, 들에는 진달래와 층층나무꽃이 활짝 피어 있었다. 레이첼은 태어나서 22살 때까지 앨러게니 강 근처에 있는 농장에서 살았다.

레이첼의 부모는 1890년대 초에 음악에 대한 취미가 같아 만나게 되었다. 장로교 목사의 딸인 마리아 맥린은 펜실베이니아 주 워싱턴에 있는 여자신학교 출신이었다. 학교 선생님이었던 마리아는 로버트 카슨이 어느 교회의 사중주단과 함께 마을에 왔을 때 그를 처음 만났다. 로버트 카슨의 조용한 성격과 거무스레하고 잘생긴 용모가 마리아의 마음을 끌었다.

그들은 1894년에 결혼했다. 당시의 관습에 따라, 마리아는 결혼하고 나서 학교를 그만두고 모든 시간을 집안일에 바치는 주부가 되었다. 1897년에 첫딸 마리안이 태어났고, 2년 후에는 아들 로버트 2세가 태어났다.

세기가 바뀔 무렵, 카슨 가족은 26헥타르(26만m²)의 대지에 세워진 방 네 개짜리 하얀 판잣집으로 이사했다. 그 이층집은 언덕 꼭대기 부근에 있었는데, 집 안에는 전기 시설도 배관 시설도 없었다. 작은 스프링데일 마을은 앨러게니 강의 굽이 아래에 자리 잡고 있었다. 사과나무와 단풍나무들이 목조가옥에 그늘을 만들어 주었고, 마을의 길들은 판자로 덮여 있었다.

마을에서 24킬로미터 떨어진 곳에 펜실베이니아 주 피츠버그가 있었다. 도시 주위에는 탄광과 철 제련소, 제강공장 들이 들어서 있었고, 한때 숲이 우거졌던 시골을 철길이 이리저리 가로지르고 있었다.

레이첼은 마리안이 10살, 로버트가 8살이 되던 해에 태어났다. 마리아는 세 아이를 키우느라 바빴다. 그는 마을에서 사과와 닭을 팔았고, 아이들 옷을 대부분 직접 만들었다. 한 시간에 50센트를 받고 피아노도 가르쳤다. 수수한 옷차림에 쇠테 안경을 쓰고 목 뒤로 쪽을 지은 마리아 카슨은 엄격해 보였다. 하지만 실은 그는 수줍고 얌전했다. 레이첼은 이런 엄마의 성격을 그대로 물려받았다.

레이첼이 자라는 동안 레이첼의 아버지는 그 지역에 있는 전기 회사에서 임시직으로 일했다. 그는 또 보험업과 부동산에도 손을 대고 있었다. 로버트 1세는 말씨가 부드럽고, 상당히 교육받은 사람이었다. 가끔 그는 역까지 걸어가서 기차를 타고 피츠버그로 일을 보러 가기도 했다. 그는 아마 가는 도중에 갈아입을 하얀 셔츠를 여분으로 준비해 갖고 갔을 것이다. 당시 피츠버그는 연기에 덮인 도시로 불리고 있었다. 왜냐하면 제강공장과 석탄을 연료로 쓰는 공장들에서 밤낮없이 검은 검댕을 대기 중으로 뿜어내고 있었기 때문이다.

카슨네 사람들은 스프링데일 마을 사람들과 자주 어울리지 않았다. 그들은 가족들 사이에 정이 깊었고, 가족들끼리 어울려 사는 삶을 즐기고 있었기 때문이다. 그들은 돈이 여유 있을 때면 공산품을 사기 위해 마을로 내려갔다. 돈벌이가 시원치 않았던 카슨 씨는 자주 은행에 들러 돈을 빌렸다.

레이첼이 태어날 무렵에 로버트와 마리안은 학교에 다니고 있었다. 레이첼은 대부분의 시간을 혼자 보내야 했지만 그것을 싫어하지 않았다. 그는 들판과 숲을 탐험하고 앨러게니 강으로 흘러드는 개울 속을 질벅거리며 걷는 것을 좋아했다. 그의 애견 캔디가 어디를 가든 그를 따라다녔다.

오후에 레이첼은 현관에 앉아서 로버트와 마리안이 집으로 돌아

▲ 스프링데일의 농가.
◀ 마리아 카슨과 세 자녀 (왼쪽부터 마리안, 레이첼, 로버트).

오기를 기다리기도 했다. 그럴 때면 개와 고양이 여섯 마리가 계단에서 졸고 있었다. 오빠와 언니가 학교에서 있었던 일을 이야기하면 레이첼은 그 이야기에 귀를 기울이면서 자기도 곧 학교에 가게 된다는 생각에 즐거워했다.

모두들 집안의 허드렛일을 했다. 레이첼은 헛간에서 달걀을 모으는 일을 했는데, 가끔 마차 안에서 달걀 한두 개를 찾아내기도 했다. 그는 또 농장 건물 아래쪽에 있는 샘에서 물을 떠다가 집 뒤에 딸려 있는 부엌으로 날랐다. 레이첼은 언니 마리안이 저녁에 먹을 콩을 따는 일을 돕기도 했고, 석탄을 때는 난로에서 언니가 비스킷 만드는 것을 거들기도 했다. 그러면서 그는 언니가 들려주는 학교와 친구들 이야기에 귀를 기울였다.

레이첼의 어머니는 거실에 있는 낡은 피아노에서 아이들에게 피아노를 가르쳤다. 그럴 때면 대개 또 다른 학생이 현관에서 피아노 교본을 움켜쥔 채 자기 차례를 조바심하며 기다렸다.

로버트는 학교가 끝나면 총을 들고 숲으로 사냥하러 갔다. 가끔 저녁 반찬거리로 다람쥐나 토끼를 잡아 오기도 했다. 레이첼은 오빠가 야생동물을 죽이는 것이 싫었다. 그는 오빠가 집 안에 있는 거미조차도 죽이지 않고 조심스레 뒷문 밖으로 쓸어내곤 하는 엄마

애견 캔디에게 책을 읽어 주고 있는 레이첼 카슨.

같았으면 좋겠다고 생각했다.

  피아노 레슨이 끝나고 저녁때까지 시간이 있을 때, 마리안과 로버트가 학교 숙제를 하는 동안 레이첼과 그의 어머니는 집 근처의 숲으로 산책을 나가곤 했다. 어머니는 레이첼에게 숲에 있는 들꽃이나 동물들의 이름을 가르쳐 주었다. 가끔 그들은 벌들이 벌집을 드나드는 것을 지켜보기도 했고, 또 해가 지고 어두워졌을 때 집 밖으로 나가서 북두칠성과 은하수를 올려다보기도 했다.

레이첼은 농장 주위에서 새 둥지를 찾아내기도 했다. 그는 또 뱀 껍질이나 깃털, 그리고 색깔이 아름다운 돌을 찾아서 집으로 가져오기도 했다. 거실 벽난로 선반에는 고둥 껍데기 하나가 놓여 있었다. 레이첼은 마치 바다의 소리가 들리는 양 그 고둥 껍데기를 한쪽 귀에 대곤 했다.

레이첼은 책을 좋아했다. 책을 좋아하는 것은 자연에 대한 관심과 마찬가지로 주로 어머니에게서 물려받은 것이었다. 마리아 카슨은 딸이 2살이 되었을 때부터 딸에게 책을 읽어 주기 시작했다. 몇 년 지나자 레이첼은 쉬운 책들을 혼자서 읽을 수 있게 되었다.

저녁이면 가족들은 주방의 따뜻한 난로 주위에 모여 앉아서 마리아 카슨이 책을 읽어 주는 소리에 귀를 기울이곤 했다. 성경 이야기뿐만 아니라 마리아는 『모히칸 족의 최후』 같은 고전 소설을 읽어 주기도 했다. 당시 그들이 좋아했던 또 다른 책은 자연을 사랑하는 고아 소년이 등장하는 인기 있는 소설 『주근깨』였다. 마리아가 책을 읽는 동안 방 안은 난로에서 장작이 타는 소리만 들릴 뿐 조용했다. 석유램프가 그가 읽는 책을 비추어 주었다. 마리아의 아름

과수원에서 마리아 카슨이 아이들을 말에 태워 주고 있다.

다운 목소리는 책 속의 말들을 생생하게 살려 냈다. 레이첼은 책의 내용 속으로 빠져 들어 숨을 죽이고 귀를 기울였다. 그는 특히 "나 다시 바다로 가리. 쓸쓸한 그 바다와 하늘을 찾아서"로 시작되는 〈바다의 열병〉 같은 존 메이스필드의 바다 시들을 좋아했다.

밤이 되면 가족들은 피아노 주위에 모여 노래를 불렀다. 주사위

놀이를 하기도 했다. 레이첼은 베아트릭스 포터의 동물 이야기를 읽었다. 레이첼은 피터 래빗, 고양이 타비타 트윗쳇, 테리어종 개 피클스 등 이 책에 나오는 동물 주인공들을 훤히 알고 있었다.

또 어떤 날 밤에는 언니가 옷본을 만드는 동안 레이첼은 종이를 오려 인형을 만들거나 오빠가 자기 '방'에서 무엇을 만드나 가 보았다. 로버트는 주방 한쪽 구석에 커튼으로 칸막이를 해 놓은 자기 '방'에 간이침대를 갖다 놓고 그곳에서 잠을 잤다. 로버트는 라디오도 만들었다. 그는 가끔 누이동생에게 헤드폰을 씌워 주고 가까운 피츠버그에서 하는 라디오 방송을 들을 수 있게 해 주었다.

6살이 되자 레이첼은 스프링데일 초등학교에 다니기 시작했다. 예상했던 일이지만 그는 공부를 잘했다. 학교에 가기 전까지 그의 세계는 부모와 오빠와 언니가 전부였지만, 학교에 간 뒤로 상냥한 레이첼은 선생님들과 친하게 지냈다. 그러나 그는 수줍음이 많아서 같은 반 친구들과는 쉽게 사귀지 못했다.

레이첼은 학교에 결석하는 날이 많았다. 마리아 카슨은 디프테리아나 심한 기침, 또는 홍역-이런 병들은 당시에는 무서운 병이었다-이 돈다는 소식을 들으면, 레이첼을 집에 붙잡아 두고 자신이 직접 딸을 가르쳤다. 레이첼은 머리가 좋았으므로 그래도 학교

마리안과 레이첼 카슨, 그리고 애견 돈, 팻, 캔디.

공부를 잘 따라갔다.

  레이첼이 10살쯤 되었을 때 레이첼의 언니가 집에서 결혼식을 올렸다. 언니가 시집을 가 버리자 레이첼은 더 외로워졌다. 자유시간이면 그는 이야기를 지었다. 그리고 머지 않아 자기가 지은 이야기를 엮은 책의 표지를 직접 디자인하게 된다. 그는 자기의 한 손에

레이첼이 9살 때 그린 끈끈이대나물.

들어갈 만한 작은 책을 만들기도 했다.

레이첼이 10살 때, 책과 자연으로 이루어진 그의 격리된 세계에 폭풍이 들이닥쳤다. 미국이 1차 세계대전에 뛰어들었던 것이다. 군인들이 전쟁터로 가기 위해 고향을 떠났다. 전쟁 소식이 신문 지면을 채웠고, 마을 사람들의 대화도 온통 전쟁 이야기뿐이었다. 로버트도 미국 공군에 입대했다. 그는 텍사스에서 조종사 훈련을 받았다. 레이첼은 매일 우체통을 들여다보며 오빠에게서 온 편지가 없는지 확인했다. 온 가족이 로버트와 해외에서 싸우고 있는 다른 미군 병사들을 걱정했다.

이 무렵 레이첼은 어린이들에게 인기가 있었던 아동잡지《성 니콜라스》를 구독하고 있었다. 이 잡지에서 레이첼이 특히 좋아했던 부분은 어린 독자들이 쓰는 '성 니콜라스 리그'였다. 어느 날 레이첼은 자기도 이 잡지에 글을 하나 투고하기로 결심했다. 그는 2층 침실 창가에 서서 배꽃이 흐드러지게 핀 배나무밭을 내다보았다. 무엇에 대해 쓸까? 그 순간 그는 오빠가 최근에 집으로 보낸 편지에서 읽은 용감한 캐나다 조종사를 떠올렸다. 레이첼은 침대로 뛰어 올라가서 이야기를 쓰기 시작했다.

어느 날, 그(캐나다 조종사)가 동료 한 사람과 함께 날고 있는데 갑자기 구름 뒤에서 나온 독일 비행기가 그들을 덮쳤습니다. 두 비행기는 서로 총을 쏘기 시작했습니다.…… 한동안 두 비행기는 어느 쪽도 총알을 맞지 않았습니다. 그러나 곧 캐나다 조종사가 탄 비행기의 한쪽 날개 일부가 총알에 맞아 떨어져 나갔습니다. 비행기가 마구 흔들렸고, 그 조종사는 재빨리 어떤 조치를 취하지 않으면 비행기가 추락하고 만다는 것을 알았습니다. 그는 자기가 할 일은 단 한 가지밖에 없다는 것을 알았고 즉시 그 일을 했습니다. 그는 살금살금 날개 위를 기어가서 마침내 날개 끝까지 갔습니다. 그의 몸무게로 비행기가 균형을 잡도록 하려는 것이었습니다.

그날 레이첼은 글을 다 써서 잡지사로 부쳤다. 《성 니콜라스》가

레이첼, 공군 제목을 입은 로버트 2세, 마리안.

그의 글을 뽑아 줄까? 배 수확이 끝나고 한참 지났을 때《성 니콜라스》1918년 9월호가 도착했다. 그 잡지에는 은배지 수상작인 레이첼 L. 카슨의 글「구름 속의 전투」가 실려 있었다. 잡지사에서는 레이첼에게 상금으로 10달러를 보내 주었다. 10달러는 당시에는 적지 않은 돈이었다.

성공으로 자신감을 얻은 데다 어머니의 격려까지 받은 레이첼은 새로운 이야기를 창작해 냈다. 곧 다른 글 두 편이 역시 수상작으로 선정되어《성 니콜라스》에 실렸다. 학교 작문시간에 그는《성 니콜라스》에 관한 수필을 썼다. 잡지사 광고부는 이 글을 3달러 몇 센트－한 단어에 1센트꼴－에 사들였다. 후에 레이첼은 자기는 11살 때 직업적인 작가가 되었다고 즐겨 말하곤 했다.

딸에게 책을 읽어 주고 있는 마리아 카슨.

 2. 과학자가 되기로 하다

1919 ~ 1929

> "내 운명은 어느 정도 바다와 연결되어 있었다."

1차 세계대전이 끝나고 난 뒤 1919년에 로버트 2세는 피츠버그에 정착해서 전기공으로 일했다. 그 무렵 레이첼은 고등학교의 우등생이었다. 당시 스프링데일 고등학교는 2년제였다. 많은 학생들은 고등학교를 2학년까지 다니고 난 다음 학교 생활을 끝냈다. 그들은 스프링데일 유리 공장이나 서부펜실베이니아 전력회사 같은 곳에 취직하곤 했다.

카슨 부인은 명석한 딸이 더 교육 받기를 바랐다. 그래서 레이첼은 다음 2년 동안 전차를 타고 앨러게니 강을 건너다니며 파나서스 고등학교에 다녔다. 그는 1925년 5월 자신의 열여덟 번째 생일을 지내고 며칠 후에 고등학교를 졸업했다. 앨범에 실린 사진을 보면 그는 얼굴이 하트 모양인 매력적인 소녀였다. 그는 커다랗고 푸른 눈과 갈색 머리를 가지고 있었다. 그의 사진 옆에 같은 반 친구들이 다음과 같은 시를 적어 놓았다.

레이첼은 한낮의 태양처럼
언제나 아주 밝고
제대로 이해할 때까지
결코 공부를 멈추지 않는다.

1925년 당시의 젊은 여인들에게 졸업은 생애의 중요한 전환점이었다. 대부분은 결혼해서 가정을 꾸리거나 직업 전선에 뛰어들었다. 마리아 카슨은 로버트 2세나 마리안과는 달리 막내딸만은 꼭 대학에 보내야겠다고 결심했다.

그해 가을, 레이첼은 펜실베이니아 여자대학(오늘날의 채텀 대학)에 등록했다. 이 대학은 학업 성적이 우수하기로 이름난 피츠버그에 있는 조그만 학교였다.

대학에 들어가고 나서 처음 몇 주 동안 외딴 농촌 출신인 레이첼은 번잡한 도시 생활에 적응하느라고 애를 먹었다. 300명의 여학생들이 캠퍼스 안에 있는 두 동의 기숙사에서 생활하며, 함께 밥을 먹고 강의실과 기숙사 사이를 바쁘게 오갔다. 또 '서로를 알기 위한' 차모임을 갖기도 했고, 학교 스포츠팀에 참가하기도 했다. 매일 아침 그들은 예배에 참석했고, 일요일이면 교회에 갔다.

아직도 작가가 되겠다는 꿈을 지니고 있던 레이첼은 영어를 전공으로 택했다. 그는 대학에 들어와서 쓴 첫 번째 글에서 자기는 장로교 신자이고 조상은 스코틀랜드-아일랜드계이며, "야외 활동과 체육에 관련된 것은 무엇이나 매우 좋아한다"고 썼다.

레이첼은 온갖 주제를 선택해서 글을 쓸 수 있는 영어 숙제를 좋아했다. 그는 어떤 맘씨 좋은 친척이 준 검은 표지의 금전출납부에 관한 재미있는 글을 썼다. 그는 이 금전출납부를 '기생충'이라고 불렀다. 돈을 쓰게 될 경우에 대비해서 어디를 가든 이 금전출납부를 지니고 다녀야 했기 때문이다. 그 글 속에서 그는 이 작은 검정색 금전출납부를 휴지통에 던져 버릴 마음을 먹는다. "이제 너와는 이별이다!"라고 하면서.

그는 또 대학신문《화살》과 문학클럽 오메가에도 기고했다. 신문에 실린 그의 글 가운데 "누구 못지않게 착하고 독립적일 수 있는"

어느 고양이의 권리에 대해 쓴 글이 있다. 그 글 속의 고양이처럼 레이첼은 따뜻하고 친절했지만, 그러나 분명한 개인주의자였다.

어떤 활동에 흥미를 느낄 경우 레이첼은 대단한 열성을 가지고 그 일에 참여했다. 그는 키가 153센티미터에 불과했지만 1학년 농구팀에 참여했다. 겨울에는 스케이팅을 하거나 친구들과 함께 기숙사 뒤에 있는 언덕에 올라가서 눈썰매를 탔다. 그러나 차모임이나 파티, 무도회가 열릴 때는 그 행사가 학교의 중요한 공식행사가 아닌 경우에는 여간해서는 참석하지 않았다. 그는 잡담을 싫어했고 그보다는 차라리 공부하는 편을 더 좋아했다.

주말이면 마리아 카슨이 기차를 타고 피츠버그로 올 때가 많았다. 그는 손수 지은 옷가지와 과자를 한 바구니 가지고 와서는 주말을 피츠버그에서 보냈다. 가끔은 레이첼의 학교 숙제를 타자해 주기까지도 했다.

2학년이 된 레이첼은 과학 과목을 이수해야 했다. 그는 생물학을 택했다. 그런데 그가 미처 생각하지 못했던 일이 일어났다. 생물학 공부가 그의 자연에 대한 사랑을 다시 일깨워 주었던 것이다. 그는 젊은 교수 메리 스킨커가 마음에 들었고, 그래서 두 사람은 친한 친구 사이가 되었다.

레이첼은 펜실베이니아 여자대학의 딜워스 홀에서 강의를 들었다.

그의 반 친구 가운데 두 사람, 역시 장학생인 도로시 톰프슨과 메리 프라이도 과학에 관심이 많았다. 레이첼은 대학에서 관심 분야가 비슷한 친구들을 사귀게 된 것이 기뻤다. 메리 스킨커 교수의 지도를 받아 그들은 현장조사를 나가기도 했고, 함께 둘러앉아 과학은 물론이고 문학과 음악에 관한 이야기도 나누었다.

레이첼은 전공을 과학으로 바꾸는 문제에 대해 생각했다. 그는 과학과 글쓰기를 똑같이 좋아했는데, 이 둘을 결합할 수도 있다는 생각은 당시 그에게도 또 그를 지도하는 교수들에게도 떠오르지 않았다. 그는 스킨커 교수와 다른 몇 명의 교수들에게서 조언을 구했다. 일부 교수들은 그가 작가로서 성공할 전망이 더 밝다고 말했다. 왜냐하면 과학은 남자들의 분야이기 때문이었다.

자신의 역할 모델인 어머니와 메리 스킨커 교수에게서 깊은 영향을 받은 레이첼은 3학년 때 결단을 내렸다. 그는 플로리다에 있던 메리 프라이에게 이런 편지를 보냈다. "너에게 들려줄 놀라운 소식이 있어. 메리, 심호흡을 크게 한 번 해! 자, 말한다. 나 전공을 바꿨어. 뭘로 바꿨냐고? 물론 생물학이지. 스킨커 교수님은 아직도 충격에서 벗어나지 못하셨어. 교수님은 앞으로 어떤 일이 일어나도 이번처럼 놀라지는 않을 거라고 말씀하셨어."

항상 침착하고 냉정한 레이첼은 자신의 전공 변경이 캠퍼스에 불러일으킨 파장을 즐겼다. 그는 뒤에 메리에게 이런 편지를 보냈다. "네가 사람들의 반응이 어떻다는 걸 봐야 하는 건데. 큰소리로 나를 꾸짖는 사람들이 있는가 하면 마구 욕을 해 대는 사람들까지 있단다. 그런 일을 하도 여러 번 당해서 이젠 무덤덤해졌어."

새 전공에서 다른 학생들을 따라잡기 위해서 레이첼은 별도로 수업을 들어야 했고, 비좁고 허술한 실험실에서 많은 시간을 보내야 했다. 그는 현미경 밑에 놓인 슬라이드를 곁눈질해 보며 관찰한 내용을 자세하게 기록했다. 3, 4학년 때 그는 화학, 발생학, 유전학, 미생물학, 조직학 등 많은 과목을 공부해야 했다. 그에게 가장 힘든 과목은 수학이었다. 수학을 잘하는 그의 룸메이트 헬렌이 레이첼을 도와주었다.

쉬는 시간에 레이첼은 농구도 하고 필드하키도 해 보았다. 3학년 무도회에도 참석했고, 또 반 친구들을 상대로 악의없는 장난을 하기도 했다. 레이첼은 실험실의 알코올이 너무나 빨리 없어져 버린다는 사실을 알아채고는, 알코올에 붉은색 식용 색소를 첨가하고 알코올 병에 죽음의 표시인 해골과 서로 엇갈린 두 개의 뼈를 그려 놓았다. 그 후로는 알코올 문제가 없어졌다.

3학년과 4학년 사이의 방학 기간에 레이첼은 집에서 학생들을 가르쳤다. 마리안과 그의 두 어린 딸들도 그 집에 와 머물고 있었다. 마리안이 당뇨병 합병증으로 병원에 입원해 있는 동안 레이첼은 어린 두 조카를 돌보는 일을 도왔다. 도로시에게 보낸 편지에서 레이첼은 자기가 집안의 '주 요리사겸 병닭이'이기 때문에 창의적인 글을 쓸 시간이 없다고 썼다. 식구가 많아 집이 비좁았으므로 손님들은 거실에 침대를 놓고 잤다.

카슨 집안의 살림은 여전히 넉넉지 못했다. 건초와 우유 값을 제

레이첼이 다니던 시절의 펜실베이니아 여자대학 교정 풍경.

때에 내지 못하는 경우도 더러 있었다. 레이첼의 대학 학비에 보태기 위해서 카슨 부인은 집에 있던 고급 도자기를 팔기도 했다.

레이첼이 4학년이 되었을 때, 메리 스킨커는 메릴랜드에 있는 존스 홉킨스 대학에서 박사 학위 과정을 밟고 있었다. 레이첼은 그에게 자주 편지를 보냈다. 그는 또 메리 프라이에게 보낸 편지에서 과학 석사 학위를 따고 싶다는 희망을 밝혔다.

졸업이 가까워지자 레이첼은 장래에 대해 점점 더 많이 생각하게 되었다. 어느 날 밤, 대학 기숙사에서 비바람이 창문을 두드리는 가운데 그는 알프레드 테니슨 경의 시 〈록슬리 홀〉의 한 구절을 읽었다. "강한 바람이 바다로 불어 가기 때문에 나는 떠난다." 레이첼은 뒤에 이렇게 말했다. "나는…… 그 시구를 읽으면서 느꼈던 강렬한 감동을…… 지금도 기억해요. 그 구절은 내 길이 바다에 있다고-사실 그때까지 나는 바다를 본 적이 없었지요-내 운명이 어느 정도 바다와 연결되어 있다고 말해 주는 것 같았어요."

1929년 5월, 레이첼은 대학을 수석으로 졸업했다. 그해 여름 바다에 관한 그의 꿈이 실현되었다. 메리 스킨커 교수가 힘써 준 덕분에 그는 매사추세츠 주에 있는 우즈 홀 해양생물연구소에서 여름 연구생으로 과학 공부를 하게 되었을 뿐 아니라, 이듬해에는 200달러의 장학금을 얻어 메릴랜드 주 볼티모어에 있는 존스 홉킨스 대학에서 대학원 과정을 밟게 되었던 것이다.

레이첼은 동창생들과 가족들에게 단연 화젯거리였다. 당시에 대학을 졸업한 여자는 드물었다. 장학금을 받고 대학원에 들어간 여자는 더욱 드물었다. 이제 22살이 된 레이첼은 단숨에 그 모든 것을 이룩했던 것이다.

레이첼은 가방을 챙겨 들고 워싱턴 시로 여행을 떠났다. 그곳에서 그는 메리 스킨커 교수를 찾아갔고, 그런 다음 기차를 타고 뉴욕으로 갔다. 뉴욕에서 작은 배를 타고 코드 곶 끝에 있는 우즈 홀로 갔다.

우즈 홀에 도착해서 배에서 내린 레이첼은 주위를 둘러보았다. 연구선들이 계류장에서 물결에 실려 아래위로 움직이고 있었다. 마을의 벽돌집들이 그를 손짓해 부르는 것 같았다. 그는 자기가 일하게 될 해양생물연구소에 가서 신고한 뒤 도서관과 모든 직원들이 함께 식사하는 식당을 둘러보았다. 그와 대학 동창생 메리 프라이—그 역시 장학금을 받아 놓고 있었다—는 개인집에 셋방을 얻어 함께 살기로 했다.

레이첼은 도로시에게 이런 편지를 보냈다. "방은…… 시설이 아주 잘 되어 있어. 더운물, 찬물까지 나와. 내 책상은 바로 길 건너 연구소에 있어. 같은 방에서 다른 네 사람쯤이 함께 일하게 될 거야. 우편물이 글쎄 연구소 책상까지 배달된단다!"

레이첼과 메리는 다른 학생들, 그리고 그들이 대학 교과서에서나 볼 수 있었던 저명한 과학자들과 함께 식사를 했다. 레이첼은 자기가 석사 학위를 따게 되면 언젠가 이 방에서 과학자로 일하게 될 날이 올지도 모른다고 생각했다. 그가 보니 과학자들 가운데 여자가 별로 없었다.

6주간의 연구 실습 기간은 금방 지나가 버렸다. 레이첼은 우즈 홀의 모든 것이 마음에 들었다. 그는 해변과 조수가 빠진 후에 고여 있는 바닷물 웅덩이, 그리고 바닷물을 채운 수족관에서 사는 바다 동물들을 연구했다. 그는 진지한 태도로 조사에 임했으며, 거북의 두개골 신경을 연구하는 프로젝트도 거들었다. 그를 담당했던 과학자는 그의 연구 결과가 과학 전문지에 발표할 만한 가치가 있을지도 모른다고 생각했다.

일이 끝나고 난 뒤, 해안을 탐사하고 해변에서 파티를 여는 시간이 있었다. 레이첼은 수영 실력을 향상시키고 피부를 검게 태우려 했지만 얻은 것은 "여기저기 생긴 주근깨들뿐"이었다.

그해 여름은 레이첼의 일생에 또 하나의 전환점이 되었다. 그는 장차 대양과 관련된 분야에서 일하기로 결심했다. 그는 그해 가을 존스 홉킨스 대학 대학원 과정에 들어가기로 되어 있었다. 그는 대학원에서 바다 동물을 연구하는 해양동물학에 연구의 초점을 맞추기로 마음먹었다.

『바닷바람 아래에서』의 원고에 레이첼 카슨은 자기가 기르던 고양이의 모습을 그려 놓았다.

 3. 포기하지 않은 작가의 꿈

1929 ~ 1940

> "작가라는 직업은 세상에서 가장 외로운 직업 가운데 하나이다……
> 따라서 외로움을 알고 그것을 두려워하지 않는 사람들만이
> 작가가 되겠다는 꿈을 가져야 한다고 생각한다."

대학원 강의가 시작되기 전에 레이첼은 워싱턴의 어업국을 찾아갔다. 미래 직장에 대한 충고를 얻기 위해서였다. 어업국 고위 관리인 엘머 히긴스는 레이첼에게 어업국은 여성 과학자를 고용한 적이 없다고 말했다. 또한 레이첼이 고등학교나 초급 대학에서 과학을 가르치는 일을 찾아보는 것이 좋을 것 같다고 충고했다.

레이첼은 단호한 목소리로 엘머 히긴스에게 자기는 교사가 아니라 과학자가 되고 싶다고 말했다. 그의 조용한 태도와 과학자가 되

겠다는 굳은 결심에 깊은 인상을 받은 히긴스는 레이첼에게 대학원을 마친 다음에 들러 보라고 말했다.

존스 홉킨스 대학에서 강의를 들으며 처음 며칠 동안 레이첼은 공부를 먼저 마치고 난 다음에 장래를 걱정하자고 마음먹었다. 우즈 홀에서와 마찬가지로 이곳에서도 교수나 동료 학생들 가운데 여자는 별로 없었다. 그는 곧 강의를 듣고 실험실에서 실습하는 데 1주일에 40시간을 바쳤다. 그러고도 밤마다 책을 읽고 또 숙제를 해야 했다.

레이첼이 대학원에 들어가고 불과 몇 주일이 지나지 않은 1929년 10월 주식시장이 폭락하는 사태가 일어났다. 사람들은 직장을 잃었고, 그들에게 날아온 청구서의 대금을 치를 걱정을 했다. 은행들도 돈이 바닥나 버렸다. 공장과 사업체 수천 개가 문을 닫았다. 마침내 대공황이 시작되었고 미국인들의 생활은 완전히 바뀌었다.

1930년 초에 레이첼은 부모님을 설득해서 볼티모어에 있는 그의 셋집에서 함께 살았다. 로버트 2세도 한동안 그들과 함께 살았다. 로버트 1세는 마을에서 하찮은 일자리를 찾아 전전했고 마리아는 집안을 돌보았다. 이제 60대에 접어든 카슨 부부는 막내딸이 대학원에서 계속 공부할 수 있도록 하기 위해 열심히 일했다. 공황에도 이들 일가는 먹을 음식과 비를 막아 줄 지붕이 있는 것을 다행으로 여겼다. 차 안에서 잠을 자고 무료로 나누어 주는 음식을 타기 위해 복지시설이나 교회 앞에 장사진을 치는 사람들에 비하면 그들은 호강을 하는 셈이었다.

레이첼은 대학원에서 공부를 하면서도 시간제로 존스 홉킨스 대학 생물학 실험실의 조교로 일했고, 여름방학이면 동물학을 가르쳤다. 겨울에는 메릴랜드 대학에서 조교로 반나절을 일했다. 그의 가족이 레이첼의 소득에 의존하고 있었기 때문에 어쩔 수 없는 일이었다.

어느 해 추수감사절에 펜실베이니아 주에 있는 브린 모 대학에서 석사 과정을 밟고 있던 도로시 톰프슨이 휴일을 이용해서 레이첼을 찾아왔다. 작은 집은 사람들로 꽉 찼다. 마리안도 각각 5살, 7살인 두 딸 마조리와 버지니아를 데리고 와서 그 집에서 함께 살고 있었기 때문이다. 레이첼은 요란한 소리를 내는 난로 앞에서 두 여자아이에게 책을 읽어 주었다. 그런 난로들이 집 안에 몇 개가 있었다. 책을 읽어 준 뒤 여자아이들은 인형을 가지고 놀았고, 도로시와 레이첼은 학교 공부와 직장 이야기를 나누었다. 이제 나이가 들어 몸이 쇠약해진 로버트 카슨 1세는 난롯가 의자에 조용히 앉아 있었다.

그날 밤, 모두 침대에 들었을 때 카슨 부인이 촛불을 들고 각 방을 돌았다. 그는 레이첼에게 잘 자라는 인사를 하고는 도로시를 안아 주며 입을 맞추었다. "이렇게 해 주는 건 네가 이런 명절 때 집을 떠나 지내는 게 이번이 처음이기 때문이란다.…… 네 어머니가 무척 보고 싶을 거야."

도로시가 대학으로 돌아간 뒤, 레이첼은 다시 몇 달 동안 공부와 일을 겸하는 고된 나날을 보냈다. 다음 몇 년 동안 두 친구는 자신들의 학교 공부에 대한 이야기를 편지로 주고받았다. 어느 편지에서 레이첼은 도로시에게 오늘도 실험실에서 고된 하루를 보냈다고 썼다. 그는 모든 일을 스스로 했다. 많은 유리 용기들을 닦았고, 또 각 실험대에 갖추어야 할 여러 가지 실험기구들이 갖추어져 있는지도 확인해야 했다. 때로는 표본이 죽어 버려 프로젝트를 처음부터 다시 시작해야 하는 경우도 있었다. 레이첼은 해양동물학자가 되기 위한 연구에 모든 시간을 바칠 수 있었으면 좋겠다고 생각했다. 그러나 가족들에게는 아직 그의 소득이 필요했다.

뒤에 레이첼은 도로시에게 그가 가장 어려워하는 과목 가운데 하나인 생화학에 대해 편지를 썼다. 학기 말에 교수가 성적표를 나누어 주었는데, 자신이 100점 만점에 85점을 받았다는 이야기였다. 레이첼에게 그것은 낮은 점수였지만, 도로시에게 말했듯이 그는 이 과목에서 낙제하지 않은 것을 기쁘게 생각했다.

레이첼은 메기의 생장 단계를 주제로 한 석사 논문을 준비했다. 레이첼은 지도교수들과 의견을 나누었고, 긴 시간을 실험실에서 보내면서 메기를 해부하고 해부한 메기의 각 부분을 현미경으로 관찰했다. 3년 뒤 레이첼은 과정을 모두 이수했고, 메기에 관한 석사 논문도 완성했다. 1932년 레이첼은 존스 홉킨스 대학에서 석사 학위를 받았다.

마리아와 로버트는 훌륭한 딸이 자랑스러웠다. 그러나 그뿐 달리 축하해 줄 수가 없었다. 카슨 일가와 온 나라의 형편이 계속 어려웠기 때문이다. 레이첼은 직업을 갖게 된 것을 기뻐하며 계속 학생들을 가르쳤다.

비 오는 날이나 저녁때면 레이첼은 다시 글 쓰는 일에 매달렸다. 이번에 그는 시를 썼다. 레이첼이 글을 쓸 때 벗이 되어 준 것은 오빠가 집으로 데려온 새끼 고양이였다. 레이첼은 자기 시가 발표되어 얼마 안 되는 돈이라도 벌 수 있었으면 하고 바랐다. 그래서 그는 자신이 쓴 시들을《새터데이 이브닝 포스트》,《포이트리》,《우먼스 홈 컴패니언》등 여러 잡지사에 끈질기게 보냈다.

레이첼이 기르던 고양이가 친구(고양이 인형)와 함께 크리스마스 트리 밑에 앉아 있는 모습.

하지만 1935년에 아버지 로버트 카슨 1세가 세상을 떠나면서 집안 사정이 갑자기 변했다. 아버지의 죽음을 슬퍼하던 그때에 레이첼은 자신의 반일제(半日制) 교사직의 수입으로는 집안을 꾸려 갈 수 없다는 것을 알았다. 오빠는 자기 가족을 부양해야 했고, 만성 질병에 시달리는 언니도 어려운 살림을 꾸려 가고 있었다.

언제나 실용적인 레이첼은 발표되지 않은 시들과 잡지사들에서 보내온 거절의 편지들을 책상 서랍에 챙겨 보관해 두고 직장을 찾으러 나섰다. 졸업 후 들러 달라고 했던 엘머 히긴스의 말을 생각해 낸 레이첼은 어업국으로 그를 찾아가서 일자리가 필요하다고 말했다.

히긴스는 레이첼에게 글을 쓸 수 있느냐고 물었다. 어업국은 〈물속의 로맨스〉라는 해양 생물들을 소재로 한 7분짜리 라디오 프로그램을 내보낼 예정이었다. 히긴스는 자기 조수들 가운데 과학적 사실을 일반 라디오 청취자들이 쉽게 이해할 수 있는 프로그램으로 엮을 능력이 있는 사람이 없어 애를 태우고 있던 중이었다.

레이첼은 글을 쓸 수 있다고 대답했고 히긴스는 즉석에서 레이첼을 고용했다. "난 당신이 쓴 글을 한 번도 본 적이 없지만 모험을 해 보겠소." 히긴스가 말했다. 레이첼은 뒤에 이렇게 이야기했다. "그 하찮은 일거리가 내가 생물학자로서 오래 일할 수 있도록 해 준 계기가 되었지요. 어업국을 찾아간 것이 내 인생의 중요한 전환점이었습니다."

이 시간제 일거리로 1주일에 19달러 25센트를 벌면서, 레이첼은 워싱턴의 커머스 빌딩 1층에 있던 엘머 히긴스의 사무실에서 라디오 프로그램의 대본을 썼다. 그 사무실에 단 하나밖에 없는 창문은 뜰 쪽으로 나 있었다. 야외를 좋아하는 레이첼은 "마치 우물 밑

바닥에서 일하는 것 같다"고 불평했지만, 그는 직장을 얻은 자기가 행운아라는 것을 알고 있었다.

이듬해 레이첼의 언니 마리안이 초등학교에 다니는 두 딸을 남겨 둔 채 40살에 세상을 떠났다. 레이첼과 그의 어머니가 마조리와 버지니아를 맡아 기르기로 했다. 레이첼은 두 아이의 이모라기보다는 큰언니 같았다. 아이들이 학교에 다니는 동안 레이첼은 돈을 벌어야 했고 마리아는 집안 살림을 맡았다.

어업국에서 신입 수생생물학자를 뽑는다는 사실을 안 레이첼은 어업국에 취직하기 위해 공무원 채용 시험을 보았다. 응시자 가운데 유일한 여성이었던 그는 100점 만점에 97점을 얻어 수석을 차지했다. 그는 1936년에 주급 38달러 48센트를 받는 정식 공무원이 되었다.

재미있고 생기 넘치는 라디오 프로그램 대본을 쓰는 것 말고도 레이첼은 《볼티모어 선데이 선》을 위해 어업에 관련된 특집 연재 기사를 썼다. 원고료는 한 편당 10~20달러로 많지 않았지만, 레이첼에게는 그 별도의 수입이 적지 않은 도움이 되었다.

라디오 프로그램이 끝난 뒤, 레이첼은 어업국을 위해 바다 생물들을 소개하는 소책자를 준비했다. 이것을 직원들을 위한 소책자로 엮고 싶어 했던 히긴스는 레이첼에게 바다의 신비를 설명하는 그 책자의 서문을 써 달라고 요청했다. 밤늦도록 레이첼은 초고를 작성했다. 그는 단어 하나하나를 신중히 선택해 가며 정성 들여 서문을 써 나갔고, 마침내 25쪽쯤 되는 서문을 완성했다.

서문이 완성된 날 아침, 레이첼은 원고를 히긴스에게 넘겨주었다. 엘머 히긴스가 책상에 앉은 채 그 원고를 천천히 읽었다. 마침내 고개를 든 히긴스는 두 눈을 반짝이며 레이첼에게 자기는 이 글을 쓸 수 없다고 말했다. 레이첼의 에세이가 매우 문학적이어서 정부 책자에 쓰기에는 아깝다는 것이었다. 그는 이 글을 《애틀랜틱 먼슬리》에 보내 보면 어떻겠느냐고 제안했다.

레이첼은 히긴스의 충고를 받아들였다. 레이첼의 글 「바다 밑」은 《애틀랜틱 먼슬리》 1937년 9월호에 실렸고, 그는 원고료로 75달러를 받았다. 레이첼은 권위 있는 잡지에 자기 글이 실렸다는 사실이 매우 기뻤다.

독자들은 레이첼의 글을 좋아했고, 그들은 대양의 표면 밑에서 어떤 일이 일어나고 있는지 늘 궁금했다는 편지를 보내왔다. 그들은 레이첼의 글 서두에 그들의 호기심이 잘 표현되어 있다는 데 의견을 같이했다.

누가 대양을 아는가? 당신도 모르고 나도 모른다. 육지에 사로잡힌 감각을 가진 우리들은 그 누구도 바다를 모른다. 바다 생물들만이 알고 있는 이 물의 세계를 알기 위해서 우리는 길이와 넓이, 시간과 공간에 대한 인간의 인식 방법을 떨쳐 버리고 온통 물로만 이루어진 우주 속으로 위험한 여행을 떠나야 한다.

이 글을 읽은 사이먼 앤드 슈스터 출판사의 편집자인 퀸시 하우와 저명한 작가인 헨드릭 빌렘 반 룬은 카슨에게 「바다 밑」을 기초로 해서 바다에 관한 책을 써 보면 어떻겠느냐고 제의하는 편지를 보내왔다. 그들의 격려에 힘을 얻은 레이첼은 자신의 첫 저서를 집필하기 시작했다.

레이첼은 『바닷바람 아래에서(Under the Sea-Wind)』가 소설처럼 재미있는 책이 되었으면 했다. 주제가 생생하게 살아나도록 하기 위해 그는 주인공을 내세웠다. 주인공은 바다였다. 레이첼은 책을 세 부분, 즉 연안 생물을 다룬 부분, 난바다의 생물을 다룬 부분, 그리고 해저 생물을 다룬 부분으로 나누었다. 또한 조역으로 해안의 새들과 고등어, 뱀장어 등을 등장시켰다. 그는 독자들이 수중 생명체들의 생활의 참맛을 쉽게 이해할 수 있도록 하기 위해 두려움이

레이첼은 『바닷바람 아래에서』에서 '온통 물로만 이루어진 세계'를 대하는
새로운 인식을 독자들에게 심어 주었다.

나 시간 관념 같은 인간의 속성을 그 주인공들에게 부여했다.

레이첼은 퇴근하고 집에 와서 저녁마다 조용하게 글 쓰는 데 열중하기 위해 2층에 있는 큰 침실로 올라갔다. 페르시아 고양이들인 버지와 키토가 그와 자리를 함께했다. 버지는 메모 용지와 원고지들이 타자기 옆에 쌓여 있는 집필용 테이블 위에 올라가 널브러져 잠이 들곤 했다.

그는 하룻밤에 평균 두 쪽씩 썼다. 잘 써지는 날에는 하루에 여섯 쪽을 쓰기도 했다. 글쓰기는 더디고 고통스러웠다. 레이첼은 원고를 쓰는 일보다는 현장에 나가 조사하고 연구하는 작업을 더 좋아했다.

레이첼은 초고를 손으로 직접 쓴 다음 다시 타자기로 쳤다. 원고가 마음에 들 때까지 한 번, 두 번, 필요하면 열 번이라도 다시 쓰고 고쳤다. 그는 "글쓰기는 대체로 매우 어려운 작업이며…… 자기가 말하고자 하는 바를 제대로 표현했다고 만족할 때까지 쓰고 또 다시 써야 한다.…… 나에게 그것은 대개 아주 여러 번 고쳐 쓰는 것을 의미한다"고 생각했다.

가끔 그의 어머니가 원고를 소리 내어 읽어 주기도 했다. 말들이 "서로 뒤엉켜 무슨 뜻인지 불분명할" 때는 새 종이를 타자기에 끼

레이첼은 '조수'라는 제목이 붙은 장에서 황혼 무렵의 해안가 새들을 이야기했다.

우고는 처음부터 다시 시작하곤 했다.

밤늦도록 글을 쓰고 나서 잠이 오지 않아 애를 먹을 때면 침대 옆 탁자에 쌓여 있는 책들 가운데 한 권을 골라 읽으며 긴장을 풀기도 했다. 자연을 다룬 에세이와 시가 그의 취향에 맞았다. 그는 특히 『모비 딕(Moby Dick)』같이 바다를 다룬 책들을 좋아했다. 그가 좋아한 작가들 가운데 한 사람은 『수달 타카(Tarka the Otter)』와 『연어 살라(Salar the Salmon)』를 쓴 영국 작가 헨리 윌리엄슨이었다. 레이첼은 "그는 누구보다도 더 나의 저작에 영향을 끼친 사람"이라고 썼다.

레이첼이 밤이면 원고를 쓰고 다시 쓰고 다듬고 낮이면 직장에 나가 일하고 하는 동안, 유럽에서는 전운이 점점 짙어지고 있었다. 레이첼에게는 전쟁에 관련된 신문의 제목들, 피츠버그 거리를 헤매던 다리 잃은 상이군인들, 묘지에 새로 들어선 십자가 등 1차 세계대전의 기억이 아직도 생생하게 남아 있었다. 내가 아는 젊은 이들이 또 제복을 입고 전쟁터로 나가게 되는 걸까? 결혼한 친구들-그들 중에는 어린 자녀를 둔 사람들이 많았다-이 그들의 배우자들을 외국으로 보내야만 할 것인가?

거의 모든 사람들이 전쟁에 정신을 빼앗기고 있었다. 몇 명 안

되는 친구들과 그의 마지막 원고를 타자기로 쳐 준 레이첼의 어머니만이 그가 쓰고 있는 책에 대해 알고 있었다. 1940년 마지막 날, 레이첼은 『바닷바람 아래에서』의 원고를 뉴욕에 있는 사이먼 앤드 슈스터 출판사에 넘겼다. 그는 자신의 책이 인쇄되어 나오기를 손꼽아 기다렸다.

 4. 전쟁이 바꾸어 놓은 것들
1941 ~ 1945

> "나는 현대인이 알고 있는 바다에 관한 지식을 요약한 책을 쓰기로 했다."

11개월이 지난 어느 날 레이첼 앞으로 종이상자 하나가 배달되었다. 레이첼은 서둘러 종이상자를 열었다. 상자 안에는 그가 쓴 책이 들어 있었다. 레이첼은 조심스럽게 책을 집어 들고 매끄러운 표지를 만져 보며 인쇄 잉크 냄새를 맡았다. 그는 자신이 쓴 서문을 훑어보았다. 이 서문에서 그는 『바닷바람 아래에서』의 개략적인 내용을 설명하고 있었다.

이 책은 바다와 바다에 사는 생명체들의 삶이 지난 10년 동안에 내게 그렇게 되었던 것처럼 독자들에게 생생한 현실이 되도록 하기 위해 쓰여졌다.……

바닷가에 서 있는 것, 조수가 들고 나가는 것을 느끼는 것, 넓은 안개 자락이 광대한 소금 습지 위에 덮이는 것을 바라보는 것, 수천 년 동안 대륙의 조수선을 따라 날아오르고 하강해 온 바닷새들의 비행을 지켜보는 것, 늙은 뱀장어와 어린 청어가 바다를 향해 헤엄쳐 나가는 것을 훔쳐보는 것, 이것들은 지상의 어떤 생명체 못지않게 오래된 것들에 대해 알게 해 준다. 이 바다의 생명체들은 인간이 대양의 가장자리에 나타나서 경이의 눈으로 대양을 바라보기 훨씬 이전에도 존재했고, 인간의 왕국들이 흥망성쇠를 거듭하는 수백, 수천 년 동안 계속 존재할 것이다.

레이첼은 이 책을 어머니에게 바쳤다. 사무실에서 그는 책 한 권을 자기의 상사인 히긴스에게 주었다. 책 속표지에 레이첼은 이런 헌사를 썼다. "이 모든 일을 시작한 히긴스 씨께." 그는 또 편집자와 발행인 등 이 책을 만드는 데 관여한 모든 사람들에게 감사의 편지를 보냈다.

1941년 11월 1일, 『바닷바람 아래에서』가 전국 서점에 모습을 드러냈다. 《뉴욕 헤럴드 트리뷴》은 가장 먼저 서평을 실으면서 "문장 하나하나에 드라마가 담겨 있다. 저자는 대양에 대한 우리의 관심을 불러일으킨다. 이 책은 우리로 하여금 대양을 지켜보고 싶게 만든다"고 평했다. 34살이었던 레이첼에게 작가로서의 길고 성공적인 일생이 예약된 셈이었다.

그러나 5주일 뒤인 1941년 12월 7일, 일본이 하와이의 진주만을 폭격했다. 루스벨트 대통령이 전쟁을 선포했고, 다른 모든 일들과 마찬가지로 『바닷바람 아래에서』도 곧 잊히고 말았다. 다시 한번 미국인들은 전쟁의 소용돌이에 휘말리고 말았다. 남자들은 군에 입대했고, 여자들도 탄약공장에서 일했다. 전국 어디서나 식량과 휘발유는 배급제로 공급되었다. 미국인들은 전쟁 소식으로 가득찬 신문만을 읽었고 바다에 관한 책 따위는 읽으려 하지 않았다.

발간 첫해에 레이첼의 책은 고작 1,348부가 팔렸다. 레이첼이 인세로 받은 돈은 1,000달러가 못 되었다. 작가로서 성공하겠다는 그의 꿈은 그가 통제할 수 없는 사건 때문에 산산조각이 나고 말았다. 그는 한 친구에게 이런 편지를 보냈다. "글을 써서 얼마나마 수입을 올리겠다는 생각은 현실을 모르는 생각인 것 같아. 자기가 쓴 책이 '베스트셀러'가 되는 기적이 일어나지 않는 한, 책을 쓴다는 것은 금전적으로는 밑지는 장사인 게 분명해."

책이 잘 팔리지 않아 풀이 죽었지만, 레이첼은 긍정적인 서평과 특히 과학자들 사이에서 자기 책이 호평을 받고 있다는 사실에 기뻐했다. 해저 탐험가이며 해양생물학자인 윌리엄 비비 박사는 이렇게 썼다. "카슨 양이 기술한 과학적 사실은 의심의 대상이 될 수 없다." 뒤에 비비 박사는 그가 편찬하려는 모음집 『자연주의자들의 책』에 레이첼의 책에 실린 두 장(章)을 포함시키고 싶어 했다.

비비 박사는 레이첼에게 책을 칭찬하는 편지를 보냈다. 이 일이 계기가 되어 두 사람은 서로 우정을 나누게 되었고, 평생토록 서로 생물학에 관한 견해를 교환했다. 레이첼은 다른 저명한 과학자들 몇 명과도 편지를 주고받게 되었다. 한 과학자는 그에게 『바닷바람 아래에서』는 "10년이 지난 후에도 오늘날처럼 훌륭한 책일 것"이라고 말했다. 레이첼은 그 말을 그대로 믿기 어려웠다.

사실 그동안 직장에 나가 일을 하면서 동시에 책을 집필하는 것은 레이첼에게 여간 어려운 일이 아니었다. 1940년 이후로 모든 정부의 관서들은 앞으로 닥칠지도 모르는 전쟁에 대비한 준비를 하고 있었고, 어업국도 예외가 아니었다. 어업국은 생물조사국과 합병되어 내무부 산하의 어류 및 야생생물 관리국으로 새로 발족했다.

전쟁이 터지자 정부는 미국의 조종사들과 해군들을 적으로부터 보호하기 위해서 바다와 해안에 대해 가능한 한 많은 것을 알 필요가 있었다. 레이첼은 실제 조사에는 참가하지 않았지만, 최근의 기상 정보에서부터 바다 밑에 숨겨져 있는 협곡과 모래톱 등을 보여 주는 지도에 이르는 모든 조사 보고서를 읽었다.

화학물질 사용에 대한 정부 보고서도 레이첼의 책상을 거쳐 갔다. 이탈리아에서는 장티푸스가 발병하는 것을 방지하기 위해 병사들에게 DDT를 뿌려 주고 있었다. 그는 이런 화학물질들이 인체나 다른 자연계 생물들에 미칠 영향을 우려했다. 그는 어머니가 지니고 있던 '생명에 대한 경외심'을 생각했다. 레이첼도 어머니를 본받아 생명에 대한 경외심을 지니고 있었다.

전쟁이 끝나면, 이 새로운 정보들-그중에는 좋은 것도 있었고 끔찍한 것도 있었다-에 관해 연구를 해야만 했다. 레이첼은 그 연구에 자신도 참여하고 싶었다. 그렇게 되면 또 한 권의 책을 쓰게 될지도 몰랐다. 전쟁이 계속되는 동안 그는 정보를 수집하고 자신의 생각을 기록했다. 그는 너무 바빠서 다른 일에는 별로 관심을 가질 수 없었다.

레이첼은 매일 아침 일찍 서둘러 사무실로 갔다. 그는 잠긴 문을 열고 사무실의 불을 켰다. 그의 큰 사무실 벽에는 많은 책이 꽂혀 있었고, 푸른 게의 사진이 한 장 걸려 있었다. 레이첼은 자기 사무실 문을 꼭 열어 두어 동료들이 자기가 이미 출근해 있다는 것을 알 수 있도록 했다.

그동안 몇 차례 승진을 한 레이첼은 이제 신참 수생생물학자가 아니었다. 그는 어류 및 야생생물 관리국의 소식지를 편집하는 일 등 많은 책임을 맡고 있었다. 레이첼은 소식지를 읽기 쉬운 많은 사실 기록으로 채웠다. 해산물을 단백질이 풍부한 새로운 식품으로 널리 선전하는 것 역시 그가 할 일이었다. 육류는 대부분 해외에 파병된 장병들에게 보내지고 있었기 때문이다.

레이첼은 어류 및 야생생물 관리국의 두 명뿐인 여성 연구원 가운데 한 명이었다. 그는 자신을 여권신장론자로 생각하지 않았다. 그는 후에 이렇게 말한 적이 있다. "나는 사람들이 한 일에 흥미를 느낄 뿐, 그 일을 여자가 했느냐 남자가 했느냐에는 관심이 없다."

어류 및 야생생물 관리국에 새로 들어온 야생생물 미술가 보브 하인스는 '여자 상사'를 모시는 일이 별로 마음 내키지 않았다. 그러나 그는 곧 레이첼이 "매우 유능한 관리자이며…… 매사를 가장 빠르고 쉬운 방법으로 처리하는 방법을 알고 있을 뿐 아니라…… 또 부하들에게 '아니오'라고 말할 때는 가장 친절하고 조용하게 말한다는 것, 그가 높은 기준을 지니고 있다는 것"을 알게 되었다.

1945년 셜리 브리그스가 그래픽 아티스트 겸 작가로 어류 및 야생생물 관리국에 들어왔다. 그의 사무실은 레이첼의 방 바로 옆에 있었고 두 사람은 친구가 되었다. 레이첼은 관청 일이 따분해질 때면 셜리와 다른 친구들 몇 명과 함께 이야기를 나누거나 악의 없는 장난을 하기도 했다. 다른 사람들이 없는 자신의 사무실에서 그는 셜리와 무능한 작가들에 대해 험담을 하며 "스트레스를 해소하기도" 했다.

전쟁 기간 동안 워싱턴에는 과학자들이 많았다. 그중 다수는 셜리와 레이첼처럼 오듀본협회에 가입한 관조회원(bird-watcher)들이었다. 주말이면 레이첼과 셜리는 다른 회원들과 함께 시골을 돌아다니며 새와 야생동물들을 관찰했다. 가을에 그들은 펜실베이니아 주에 가서 매가 이동하는 것을 지켜보았다.

이 과학자들은 대부분 우정을 오래 이어갔다. 그들은 격식 없는 파티를 열기도 했는데, 그런 자리에서 그들은 최신 과학정보뿐만 아니라 음악, 미술, 글쓰기에 대해서도 이야기를 나누었다. 셜리는 "레이첼이 다양한 사람들과 사귀는 것을 좋아했으며, 새로운 사람을 만나면 늘 기뻐했고 어떤 대화나 놀이에도 기꺼이 참여했다"고 회상했다.

자연을 사랑하는 레이첼은 산을 자주 찾았다. 그가 펜실베이니아 주 호크 산에서 매들을 관찰하고 있다.

전쟁이 벌어지고 있었지만 카슨 일가에게 그 시절은 행복한 시절이었다. 10대 소녀가 된 마조리와 버지니아는 바빴다. 레이첼은 조카들이 한 일에 대해 듣는 것을 좋아했다. 아이들은 학교에서 일어난 문제나 남자친구 때문에 생기는 고민에 관해 레이첼에게 충고를 구했다.

주말이면 이제 70대 노인이 된 마리아 카슨이 자주 집안과 손녀들을 돌보아 주어서 레이첼은 친구들과 시간을 보낼 수 있었다. 레이첼은 해변에 자주 가 보려고 애썼다. 그는 세계 각지를 두루 여행하는 것이 꿈이었지만, 직장과 가정에서 맡은 책임 때문에 대부분의 탐험을 가까운 곳에서 할 수밖에 없었다.

그래도 레이첼은 불평하지 않았다. 그는 이른 아침과 밤에 산책하는 것을 즐겼다. 자연이 바로 그의 집 뒷문 밖에서 레이첼을 기다리고 있었던 것이다. 그는 자기가 발견한 사실을 자주 작은 수첩에 기록했다. 발표되지 않은 한 글에서 그는 이렇게 썼다.

우리 집 나무더미에 사는 거미 여섯 마리와 나는 친해졌다. 그들은 이곳에서 깔때기 모양의 거미줄을 치고 영구적으로 사는 훌륭한 거주자들이다.……그중 한 마리와 나는 특히 친해지게 되었다. 나는 매일 밤 나무더미를 찾아가서 그 거미의 깔때기 속을 들여다보며 그 거미가 아직 그 안에 있는지 확인했다. 어느 날 밤, 나는 낯선 거미, 더 크고 더 털이 많고 더 험상궂게 생긴 동물이 그 깔때기를 차지하고 있는 것을 보고 놀랐다.…… 깔때기 안 더 깊은 곳에 작은 몸뚱이가 보였다. 거미의 시체인 것 같았다. 나는 먹고 먹히는 비극적인 싸움에서 내 친구가 패배했다고 짐작할 수밖에 없었다.

친구들의 격려에 힘을 얻은 레이첼은 잡지사에 자신이 쓴 글을 팔기로 했다. 다시 레이첼은 버지와 키토가 연필들을 걷어차고 휴지통을 들락거리는 가운데 밤늦도록 글을 썼다.

박쥐들이 '레이더'를 이용해서 어둠 속에서 장애물을 피한다는 그의 글이 《리더스 다이제스트》에 실렸다. 그 직후에 레이첼은 그의 두 번째 글, 흔히 굴뚝 안에 둥우리를 트는 작은 회색 새인 굴뚝새에 관한 글을 잡지사에 팔았다.

일정이 빡빡한데도 레이첼은 직장 일에 싫증을 느끼게 되었다. 그는 《리더스 다이제스트》의 편집자로 일하려고 응모했지만 실패했다. 그는 전국오듀본협회에 자기가 들어갈 자리가 있는지 문의해 보기도 했다. 한 친구에게 보낸 편지에서 그는 이렇게 썼다. "내 생활은 질서가 잡혀 있지 않고 나는 내가 어디로 가고 있는지 모르

겠어. 만약 내가 이상적인 삶을 선택할 수 있다면, 그것은 글을 쓰면서 살아가는 걸 거야."

1945년, 미국은 원자탄 두 개를 일본에 떨어뜨렸다. 수천 명이 죽었고 전쟁은 끝났다. 이제 세계는 인간이 만든 새로운 무서운 무기를 갖게 된 것이다. 레이첼은 "삶의 시냇물은 하느님이 지정해 준 길에 따라 시간 속을 흘러간다.…… 그 시냇물에 인간이 돌을 던져 흐름에 간섭할 수는 없다"는 말을 믿으며 살아왔다.

핵전쟁은 레이첼의 이런 확고한 믿음이 잘못된 것이었음을 입증했다. 그는 삶에 대한 자신의 철학을 바꾸기 시작했다. 인간이 지구에 간섭할 수 있고, 그런 간섭이 지구를 영영 바꿔 놓을 수도 있다는 생각이 들었다. 원자탄과 화학물질에 대한 정부 보고서들이 그런 생각을 확인시켜 주었다.

레이첼의 글에는 바다의 리듬과 시가 담겨 있다.

5. 바다 밑 대모험

1945 ~ 1951

> "만약 바다에 관한 나의 책에 시가 있다면, 그것은 내가 의식적으로 시를 썼기 때문이 아니라 그 누구도 시를 빼 버리고는 바다를 진실되게 묘사할 수 없기 때문이다."

작업시간이 미처 시작되기도 전에 레이첼의 머릿속은 그날 할 일로 꽉 차 있었다. 타자기의 덮개를 벗기면서 그는 10시에 잡혀 있는 간부회의를 생각했다. 그의 시선은 책상 위에 차곡차곡 쌓여 있는 원고 더미로 향했다. 오늘 이 원고를 정리할 시간을 낼 수 있을까? 아니면 으레 그렇듯 원고를 또 집으로 가져가야 할 것인가?

점심을 먹은 뒤 그는 삽화가를 만났다. 두 사람은 함께 소책자의 마지막 레이아웃을 검토했다. 레이첼은 혼자 미소 지었다. 어류 및 야생생물 관리국 홍보실의 수석편집자가 된 이후로 그는 자기가 조그만 출판사의 사장이 된 것 같은 생각이 들었다.

레이첼은 부서를 짜임새 있고 효율적으로 운영했고, 충실한 그의 부하직원들이 그를 잘 도와주었다. 필요하다면 그는 정중한 어조로 잘못된 일을 지적했다. 그보다 지위가 높은 과학자들이 한 일에 대해서도 그는 할 말은 했다. 그의 부하직원 가운데 한 사람이었던 보브 하인스는 그가 "거짓말을 하거나 일을 게을리하는 것을 보면 참지 못했다"고 회상했다.

1940년대 후반기에 레이첼은 국가가 지정한 야생생물 보호구역에 관한 삽화를 곁들인 어류 및 야생생물 관리국 소책자 12권을 만들기로 결심했다. '적극적인 보존활동'이라는 제목이 붙게 될 이 소책자들은 미국인들에게 자연자원을 보호하도록 가르치는 데 그 발간 목적이 있었다.

2차 세계대전이 끝난 이후로 산업화가 미국의 국토를 변화시키고 있었고, 미국 국민들의 철학 역시 변하고 있었다. 개발업자들은 미래에 끼칠 영향을 별로 생각하지 않고 농토에 집을 마구 지어 도시를 만들고 있었고, 조립라인에서 쉴 새 없이 만들어지는 자동차들은 새로 닦은 고속도로에 줄을 잇고 있었다.

레이첼은 기회가 있을 때마다 셜리 브리그스 또는 다른 동료와 함께 야생생물 보호구역을 찾았다. 그는 낡아 빠진 가방에 헌옷가지와 피부를 보호해 줄 모자, 표본을 가까이서 관찰하는 데 필요한 확대경, 카메라 장비, 관찰한 것을 기록할 조그만 수첩 등을 쑤셔 넣었다. 그는 집을 떠날 때면 잊지 않고 쌍안경을 챙겼다.

1946년 4월, 레이첼과 셜리는 버지니아 주 친코티그로 여행을 떠났다. 친코티그는 버지니아 주와 메릴랜드 주의 접경 근처에 있는 아사티그 섬의 남단이다. 그들은 며칠 동안 섬을 탐험하며, 조개와 굴의 사진을 찍고, 새들을 관찰하고, 또 등대에도 올라가 보았다. 그들은 또한 해변 뻘밭에 빠진 망아지들을 구조하는 일을 돕기도 했다.

친코티그에서 작업을 마치고 사무실로 돌아온 레이첼은 소책자 만드는 일에 다시 매달렸다. 레이첼이 만드는 소책자들은 정부의 다른 선전 소책자들과 달랐다. 레이첼은 그 책들에 각 보호구역의 아름다움을 충분히 담을 생각이었다. 자신이 직접 쓴 서문에서 레이첼은 사람들에게 자연과 평화롭게 공존하자고 호소했다.

야생생물들도 인간이나 마찬가지로 살 곳이 있어야 합니다. 문명이 발달

아사티그 섬의 일출.

하면서 인간이 도시를 만들고 도로를 건설하고 늪의 물을 빼면서 야생생물들은 살 땅을 조금씩 조금씩 빼앗기고 있습니다. 살아갈 공간이 좁아지면서 야생생물의 수가 점점 줄어들고 있습니다.

1948년 정부를 위해 전임으로 일하면서 레이첼은 바다에 관한 또 한 권의 책을 쓰기 시작했다. 어떤 면에서는 그가 처음으로 바다와 바다생물에 매혹되었던 어린 시절부터 이 책을 준비해 왔다고 할 수 있다. 그는 『우리를 둘러싼 바다(The Sea Around Us)』가 그가 도서관의 책꽂이에서 찾아보았지만 결코 찾지 못한 책, 이해하기 쉽고 과학에 관한 훈련이 되어 있지 못한 독자들의 구미에 맞는 책이 되기를 바랐다.

레이첼은 자신이 집필하는 책을 위해서 계속해서 바다에 관련된 정부의 최신 정보를 검토했다. 친구들과 보브 하인스 같은 직장 동료들이 그가 차 뒷좌석에 도서관에서 빌려 온 책들을 싣는 일을 도왔다. 집에서 그는 그 책들을 읽고 요점을 정리했다. 그는 또 전 세계의 해양학자들과 편지를 주고받았다.

레이첼은 부족한 정보를 보충하기 위해서 개인 장서나 특수 도서관의 장서를 빌리기도 했다. 그는 1,000권이 넘는 문헌을 참고했다. 봄이 와서 얼음이 풀리자 레이첼은 대서양 해안으로 갔다. 정보를 수집하기 위해 그가 즐겨 찾은 곳 가운데 하나는 메인 주 부스베이 근처 해안이었다.

몇 장(章)을 끝낸 레이첼은 그의 책을 출판해 줄 출판사를 찾는 일을 도와줄 저작권 대리인을 고용하기로 했다. 레이첼은 작가 겸 책 편집자 출신인 마리 로델을 선택했다. 두 사람은 그때부터 평생토록 우정과 협력 관계를 이어갔다.

마리는 원고의 3분의 1과 개요를 옥스퍼드 대학교 출판부로 보냈다. 1949년 6월, 레이첼은 옥스퍼드 대학교 출판부와 계약을 맺었다. 그 소식을 들은 비비 박사는 레이첼에게 물 밑에 직접 머리를 담가 보지 않고는 그 책을 쓸 수 없을 것이라고 말했다.

레이첼은 비비 박사의 그 말을 듣고 웃었다. 그는 "내가 항해 전문가가 되기를 기대하는 친구들에게 실망을 주고 있으며, 수영도 그다지 잘하지 못하고 해산물도 별로 좋아하지 않으며, 열대어를 애완동물로 기르지도 않는다"는 것을 인정했다. 그러나 그는 비비 박사의 충고를 받아들였다.

다음 달, 레이첼은 셜리와 함께 플로리다 앞바다에서 '바다 밑 대모험'에 나섰다. 그는 철제 잠수용 헬멧을 쓰고 발에 납덩이를 단 다음 그가 잘 알고 있는 바다 밑 세계를 눈으로 직접 보기 위해 수면 밑 5미터까지 내려갔다. 그는 헬멧 안으로 공기가 들어오는 소리가 기분 나빴지만 그래도 색깔이 현란한 산호초의 동물들과 함께 '헤엄치고' 있었다.

그다음에 레이첼은 메사추세츠 주 보스턴에서 동쪽으로 322킬로미터 떨어진 유명한 조지스 뱅크 어장으로 10일 동안 바다 여행을 떠나기로 했다. 트롤어선을 개조한 연구용 선박 알바트로스 3호

레이첼이 철제 헬멧을 앞에 놓고 '바다 밑 대모험'을 위해 잠수할 채비를 하고 있다.

가 우즈 홀에서 출항할 예정이었다. 레이첼은 이 배에 동승하기로 했다.

레이첼은 곧 난관에 부닥쳤다. 알바트로스 3호에 여자가 탄 적이 없다는 것이었다. 사실 당시만 해도 여자는 좀처럼 배에 태우지 않았다. 선원들은 여자가 배에 타면 불운이 닥친다고 믿었다. 그러나 레이첼은 결심을 굽히지 않았다. 책을 집필하기 위해서 심해의 어류들에 대해 알고 싶었기 때문이다. 그는 선장과 흥정을 했다. 자신의 출판 대리인 마리 로델과 함께 가면 50명의 남자들 사이에 여자가 자기 한 사람뿐은 아니지 않느냐고 선장을 설득했다.

두 여자는 55미터 길이의 연구선에 올라탔다. 배는 작고 투박해 보였다. 마리는 멀미약인 드라마마인 병을 움켜잡고 있었다. 선원들은 레이첼과 마리에게 늘 무언가를 꽉 잡고 있으라고 일렀다. 알바트로스 3호는 바다에 나가면 카누처럼 심하게 흔들려 뱃멀미를 심하게 하지 않은 사람이 없었기 때문이었다. 한 선원은 심술궂은 눈으로 바라보며 이렇게 겁을 주었다. "나갈 때마다 사고가 안 나는 적이 없지요."

첫날 밤 그들이 침상에 누워 있는데 머리 위에서 쾅하는 소리, 쩡그렁거리는 소리, 그리고 덜커덩거리는 소리가 들렸다. 그들은

알바트로스 3호는 어류 및 야생생물 관리국의 연구선이었다. 이 배는 대서양 북서부의 어족 자원을 유지하기 위해 필요한 사실들을 알아내는 데 사용되었다.

벌떡 일어났다. 무슨 일이 일어나고 있는 것일까? 레이첼은 문득 트롤어선은 밤낮을 가리지 않고 물고기를 잡는다는 사실을 생각해 냈다. 거대한 윈치가 물고기가 가득 담긴 그물을 끌어올리고 있었던 것이다. 레이첼과 마리는 매일 밤 이런 소리를 듣겠구나 하고 생각했지만, 시끄럽다고 불평할 수 없었다. 이튿날 아침 두 여인은 밝게 웃으며 밤에 생쥐가 바스락거리는 소리를 들은 것 같았지만 너무 졸려서 그냥 잤다고 선원들에게 말했다.

　레이첼은 선원들의 악의 없는 장난을 견뎌 내며 집필할 책에 써먹을 값진 정보를 수집했다. 그는 수중청음기를 귀에 꽂고 물 밑에서 들려오는 소리에 귀를 기울이기도 했다. 그는 또 수심측정기가 해저의 높고 낮은 지형을 기록하는 것을 지켜보기도 했다. 안개가 낀 날이면, 그는 배 안에 있는 실험실에서 물고기들을 관찰하고 현미경을 들여다보며 플랑크톤에 대해 연구했다.

　집으로 돌아온 레이첼은 돈에 쪼들렸다. 그가 돈에 쪼들리고 있다는 것을 안 비비 박사가 그를 유진 F. 색스턴 기념 연구재단에 추천했다. 이 재단은 작가들에게 재정적 지원을 해 주고 있었다. 레이첼은 재단에서 2,250달러를 지원받았다. 이 도움으로 그는 몇 달 동안 직장을 쉬며 집필에 전념할 수 있게 되었다. 1949년 후반기와 1950년 초 몇 달 동안 레이첼은 모든 시간을 책을 쓰는 데 할애할 수 있었다. 그래도 그가 느끼는 압박감은 너무 커서 그는 이렇게 썼다. "이 작업이 훨씬 더 오래 계속된다면 견뎌 내지 못할 것 같은 느낌이 든다." 때로는 너무 지쳐서 잠을 이루지 못하기도 했다.

돈이 다 떨어지자 그는 다시 직장으로 복귀했다. 다시 레이첼은 밤에만 새 책을 위한 글을 썼다. 잠을 한숨도 못 자고 집에 있는 타자기 앞에서 직장의 타자기 앞으로 곧장 자리를 옮기는 경우도 더러 있었다. 레이첼은 "작업이 너무 힘들고 더디게 진행되고 있다.…… 과학자들이 쓴 기술적 논문에서 사실의 핵심을 찾아내어 그것을 엮어 바다의 전모를 드러내는 이야기로 꾸미는 일이 너무 힘들고 지루하다"고 말했다. 그는 또한 "단 한 번도 아침에 새를 보며 산책하지 못하고 봄이 거의 지나가 버렸다. 이제 더 버틸 힘이 남아 있지 않은 것 같은 느낌이 든다"고 불평했다.

이렇게 집필에 매달리고 있던 1950년 봄, 레이첼은 자신의 친구이며 대학에서 처음으로 자신에게 과학을 가르쳤던 은사인 메리 스킨커가 중병에 걸렸다는 사실을 알게 되었다. 그는 돈을 빌려서 비행기를 타고 시카고로 가서 마지막으로 옛 은사를 만나 보았다.

여행에서 돌아온 레이첼은 마침내 집필을 마무리했다. 81살인 마리아 카슨이 탈고된 원고를 타자기로 쳤다. 마리 로델은 원고의 일부를 잡지사에 팔아 볼까 하고 『우리를 둘러싼 바다』의 원고 일부를 몇몇 인기 높은 잡지사에 보냈다.

책이 나오기 전에 한 장(章)이 《예일 리뷰》에 실렸고, 《사이언스 다이제스트》에도 책의 내용 일부가 게재되었다. 또《뉴요커》가 책의 내용 반가량을 3회에 걸쳐 연재했다.《뉴요커》에서 받은 원고료는 레이첼이 직장에서 받는 1년치 월급과 비슷했다.

그러나 그는 기뻐할 여유가 별로 없었다. 책에 관해 내려야 할 결정이 너무 많았기 때문이었다. 완벽주의자인 레이첼은 먼저 책의 제목을 놓고 고민했다. 붙인 제목이 알맞은 것일까? 각 장들은 어떻게 배열해야 할까? 책이 인쇄에 들어가기 전에 레이첼은 단어 하나하나, 구두점 하나까지 다시 검토했다. 그는 책이 나온 다음 단 하나의 실수라도 발견되지 않기를 바랐다.

책이 나오기 몇 주일 전, 레이첼은『우리를 둘러싼 바다』가 자기의 삶을 바꾸어 놓으리라는 것을 느꼈다. 벌써《뉴요커》에 연재된 글을 읽은 독자들에게서 편지가 밀려들고 있었다. 그는 또 미국과학진흥협회가 1950년에 잡지에 실린 가장 훌륭한 과학 부문 기사에 주는 조지 웨스팅하우스 상(상금 1,000달러)을 받았다.

옥스퍼드 대학교 출판부가 기념파티와 함께『우리를 둘러싼 바다』를 시판하기 전에, 그는 노스캐롤라이나 주 해변으로 도피해 버렸다. 2주일 동안 그는 바위 위를 기어오르고 얕은 바닷물 속을 걸으며 혼자서 바다를 즐겼다. 그는 마리에게 보낸 편지에 이렇게 썼

따뜻한 캐롤라이나 해변.

다. "내 다리는 완전히 타 버렸고 얼굴과 두 팔은 훨씬 건강해졌지만 햇볕에 바래고 비바람에 깎인 것 같아. 내가 그 파티에 가기 위해 핑크색 드레스를 사지 않은 게 천만다행인 것 같아."

『우리를 둘러싼 바다』는 1951년 7월 2일 서점에 나왔다. 그 뒤로 이 책은 미처 찍어 대기가 바쁘게 팔렸다.

플로리다 해안에서 표본을 찾고 있는 보브 하인스와 레이첼.

6. 과학과 시가 결합된 『우리를 둘러싼 바다』

1952 ~ 1953

> "지구와 그 생명체들을 연구하는 우리 모두를 특징지어 주는 한 가지 특징이 있다. 그것은 결코 싫증을 느끼지 않는다는 것이다. 우리는 싫증을 느낄 수가 없다. 한 가지 수수께끼를 풀면 더 큰 수수께끼가 우리를 기다리고 있으니까."

책의 폭발적인 수요를 감당할 수 없었던 옥스퍼드 대학교 출판부는 인쇄기 두 대에서 동시에 책을 찍어 내기 위해서 인쇄판을 하나 더 만들었다. 몇 주가 지나기도 전에 『우리를 둘러싼 바다』는 《뉴욕타임스》 베스트셀러 목록에 올랐고 86주 동안 그 자리를 유지했다. 그중 36주 동안은 1위 자리를 지켰다. 『우리를 둘러싼 바다』는 영국에서 처음 출판되었지만, 결국 전 세계에서 30개 이상의 언어로 번역되어 출판되었다.

이제 44살이 된 레이첼은 일약 국제적인 유명인사로 떠올랐다. 마리아는 딸의 출세를 기뻐해 마지않았다. 그는 서평들을 모으고 서신 업무를 도왔다. 카슨가의 전화벨은 쉴 새 없이 울려 댔다. 친구들과 친척들이 이 좋은 소식을 함께 나누려고 전화를 걸어 왔기 때문이다. 《뉴욕타임스》는 『우리를 둘러싼 바다』를 이렇게 평가했다.

> 개기일식처럼 희귀한 출판계의 대사건이다. 호메로스부터 메이스필드에 이르는 위대한 시인들이 대양의 심오한 신비와 한없는 매력을 표현해 보려고 노력해 왔지만, 가냘프고 온화한 (카슨 양이) 그 일을 가장 훌륭하게 해낸 것 같다. 한 세대에 한두 명은 문학적 천재성을 지닌 자연과학자가 세상에 나온다.…… 카슨 양은 고전을 써 냈다.

비슷한 서평들이 쏟아져 나왔는데 한결같이 호평이었다. 서점들은 앞 진열창을 바다 사진들과 그의 저서 더미로 장식했다.

열광적인 팬들은 레이첼의 모든 것을 알고 싶어 했다. 어느 독자는 이런 편지를 보냈다. "레이첼 카슨이 누구인지 어서 알려 주십시오. 그 처녀가 매일 밤 나를 잠 못 이루게 합니다." 책의 표지에 레이첼의 사진이 실려 있지 않았기 때문에, 일부 독자들은 그의 나

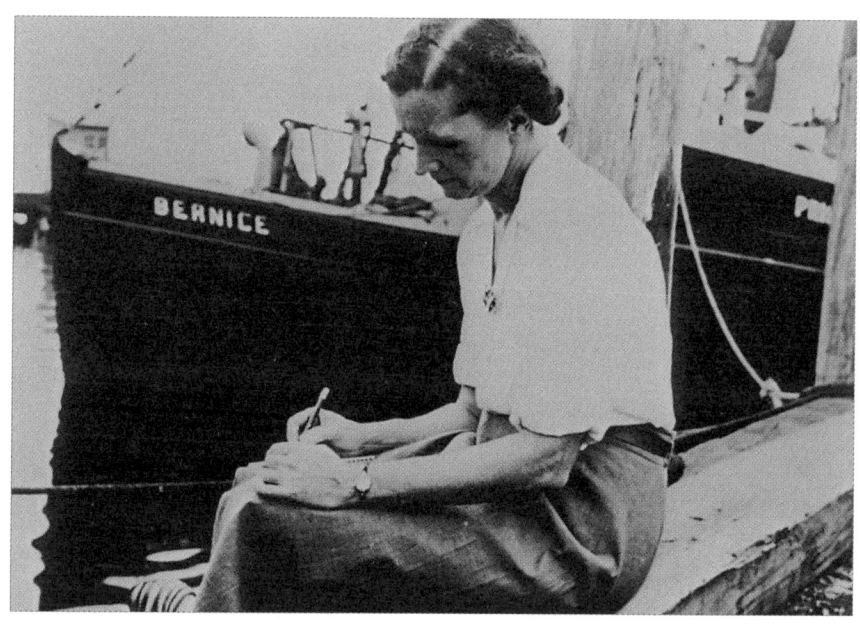

우즈 홀 부두에 앉아서 『우리를 둘러싼 바다』를 소개하는 글을 쓰고 있는 레이첼.

이와 성별에 대해 구구한 억측을 하기도 했다. 어떤 남자는 이런 편지를 보냈다. "저자의 해박한 지식으로 미루어 그가 분명히 남자일 거라고 생각합니다." 또 어떤 이는 그가 아는 게 너무 많은 것으로 보아 레이첼이 반백의 중년일 것으로 짐작된다고 했다. 또 레이첼을 아내로 삼고 싶지만 자기의 아내가 되기에는 너무 나이가 많을 것 같다는 생각이 든다는 사람도 있었다. 이 책을 쓰는 데는 오랜 세월이 걸렸을 테니까 그렇다는 것이었다.

『우리를 둘러싼 바다』를 둘러싸고 세상이 떠들썩했지만, 레이첼의 머리는 새로운 책에 대한 구상으로 꽉 차 있었다. 기회가 있을 때마다 그는 메모를 했다.『우리를 둘러싼 바다』집필이 끝나기도 전에 그는 새로운 책을 준비하기 시작했다. 아마추어 박물학자들을 위한 대서양 해안 안내서였다.

언제나 그랬듯이 이번에도 돈 문제에 부딪혔다. 레이첼은 새 책을 계속 집필하기 위해 재정적 지원을 얻어 볼 생각으로 1950년 10월에 구겐하임 연구비를 신청했다.

긴 신청서를 쓰면서 레이첼은 우즈 홀의 해양생물연구소, 노스캐롤라이나 주의 듀크 대학교, 플로리다 주 코럴 게이블스의 마이애미 대학교 같은 대서양 연안 여러 곳에서 '자료 수집'을 해야 하고, 또 그 밖의 현장조사를 해야 한다고 썼다. 그는 워싱턴의 의회 도서관과 그 밖의 도서관들에서의 조사 작업을 포함하는 이런 모든 준비 작업에 6개월이 필요할 것이라고 예상했다.

구겐하임재단은 1951년 4월 레이첼에게 4,000달러를 지원해 주었다. 이로써 그는 휴직을 하고 어류 및 야생생물 관리국 일을 쉴 수 있게 되었다.

『우리를 둘러싼 바다』가 전국 서점에 깔리고 베스트셀러 순위를 차츰 높여 가고 있던 그해 여름, 레이첼은 어머니와 함께 『바다의 가장자리』를 위한 자료 수집 작업차 노스캐롤라이나 해안으로 갔다. 승용차의 뒷좌석에는 그의 또 다른 '단짝'이 타고 있었다. 회색 고양이 머핀이었다. 이 고양이는 레이첼과 그의 어머니가 대서양 해안을 탐사하는 동안 무려 3,220킬로미터를 함께 여행했다.

노스캐롤라이나 주 보퍼트에서 그들은 열렬한 팬들과 맞닥뜨렸다. 어느 날 아침, 한 여인이 그들이 묵고 있던 모텔 방문을 두드리더니 말리는 카슨 부인을 밀치고 레이첼에게 다가와서 가지고 온 『우리를 둘러싼 바다』 두 권을 내밀었다. 그 두 권의 책에 사인을 해 달라는 것이었다. 그때 레이첼은 아직 침대에 있었다.

또 한 번은 레이첼이 미용실에서 머리를 말리며 앉아 있는데 한 팬이 그를 만나게 해 달라며 밀고 들어왔다. 레이첼은 뒤에 이렇게 회상했다. "사실 그때 난 기분이 썩 좋지는 않았지요. 목에다 수건을 걸치고 있고 머리는 파마를 하는 중이었으니까요." 그는 뒤에 마리와 출판사 관계자들에게 이제 그만했으면 좋겠다고 말했다. "사람들이 내 책을 좋게 평해 주는 것은 좋지만, 이렇게 극성을 떠는 것은 아무래도 낯설어요."

레이첼은 해변으로 도피했다. 그는 수영복을 입고 운동화를 신

레이첼이 메인 주 그의 오두막 근처에서 조수가 빠져나간 해변을 탐색하고 있다.

은 채 해변에 고인 물웅덩이를 걸어다녔다. 그러면서 바다생물들을 관찰했고, 밑판이 유리로 된 양동이처럼 생긴 물망원경을 통해 물속을 살폈다. 가끔 얼굴에 마스크를 쓰고 스노클로 호흡하면서 조용히 물 위에 떠 있기도 했다. 해변에 나오면 어머니와 함께 쌍안경으로 새들을 관찰했다.

레이첼이 집에 돌아와 보니 우체통은 팬레터와 좌담회에 참석하거나 강연을 해 달라고 부탁하는 편지들로 가득 차 있었다. 마리의 책상에도 비슷한 우편물이 수북이 쌓여 있었다. 처음에 레이첼은 모든 초대를 거절했다. 그는 많은 사람들 앞에서 강연을 하거나 낯선 사람들과 이야기를 나누는 일에 서툴렀다.

그해 가을,《뉴욕 헤럴드 트리뷴》의 한 기자가 뉴욕 시에서 열리는 '저자와의 오찬'에 나와 이야기를 해 달라고 그에게 부탁했다. 레이첼은 강연을 하기 몇 주일 전에 원고를 작성하고 또 손질한 뒤 어머니와 고양이 앞에서 강연 연습을 했다. 오찬장에 나간 레이첼은 무려 1,500명의 청중이 나와 있다는 것을 알고 하마터면 그 자리에서 도망쳐 나올 뻔했다. 그는 낮은 목소리로 미리 준비한 원고를 조심스레 읽어 내려갔다. 내용 중에는 딱딱 소리를 내는 새우, 그리고 그 밖의 바다 밑에서 나는 소리를 묘사하는 부분도 있었다. 강연은 성공이었다. 그 후로 레이첼은 여러 단체에 나가 강연을 했다. 그러나 언제나 미리 준비한 원고를 읽었다.

1952년은 놀라운 사건으로 시작되었다. 1월에 레이첼은 필라델피아 지리학협회가 지리학 부문에서 특출한 공을 세운 사람에게 수여하는 헨리 G. 브라이언트 메달을 받았다. 이 메달을 여자가 받는 것은 처음이었다.『우리를 둘러싼 바다』는 자연사 분야의 뛰어난 저작에 주는 존 버러스 메달을 받았다. 1월 말에 레이첼은 1951

년도 최고의 비소설 도서에 주는 내셔널북 상을 받았다.

내셔널북 상 수상연설에서 레이첼은 이 책이 이렇게 인기를 끄는 것이 놀랍다고 말했다. 특히 이 책에는 사람이 거의 등장하지 않는데도 말이다. 그는 "대학 총장에서부터 어부까지, 과학자에서부터 가정주부에 이르는 각계각층의 사람들에게서" 받은 편지에 대해서도 말했다. "이 사람들 대부분은 이 책이 그들을 인간의 문제들이 주는 스트레스와 긴장에서 해방시켜 주기 때문에 인기가 높은 거라고 말하고 있습니다. 바로 그런 이유 때문에 그 책을 즐겨 읽는다는 것이지요."

모든 생명체들 가운데서 인간이 차지하는 상대적인 왜소성에 대해 이렇게 말하면서 그는 강연을 마무리지었다. "그런 편지들은 그들이 너무나 오랫동안 망원경의 엉뚱한 쪽을 들여다보고 있었다고 말하고 있지요.…… 우리가 망원경을 제대로 들여다보며 제대로 된 시각에서 인간을 보게 된다면, 우리는 우리 자신의 파괴를 계획하는 일에 시간을 덜 내고 또 그런 일을 하고 싶은 생각을 덜 갖게 될 것입니다."

그해에 미국 전역의 여러 신문들은 레이첼을 '문학 부분 올해의 여성'으로 선정했다. 할리우드의 한 영화 스튜디오는 『우리를 둘러

메인 주 해변의 해파리와 해초.

싼 바다』를 다큐멘터리 영화로 만들겠다고 마리 로델과 협상을 벌였다. 뒤에 레이첼은 자기는 이 영화를 싫어한다고 말했다. 할리우드의 대본 작가들이 과학적 잘못을 너무 많이 저질렀기 때문이었다. 그래도 이 영화는 그해의 최고 다큐멘터리 영화로 오스카 상을 받았다.

1952년 봄, 레이첼은 채텀 대학에서 문학박사 학위를 받는 등 3개의 명예박사 학위를 받았다. 수여식이 끝난 후 여자 졸업생들이 레이첼에게 차를 대접했다. 동창생들과 악수를 하면서도 레이첼의 마음은 멀리 떨어진 바닷가를 거닐고 있었다. 한 친구가 어디 아프냐고 묻자, 레이첼은 미소를 지으며 자기는 하이힐을 신고 나무판자로 된 바닥에 서 있는 것보다 맨발로 모래 위를 걷거나 운동화를 신고 배 위에 있는 것이 더 편안하다고 대답했다.

레이첼이 저명 작가의 삶을 경험하고 있는 동안, 그의 출판 대리인은 배후에서 바쁘게 뛰고 있었다. 마리는 1941년에 출판된 레이첼의 첫 번째 책『바닷바람 아래에서』를 재출간하기로 했다. 옥스퍼드 대학교 출판부가 애초에 그 책을 출판한 사이먼 앤드 슈스터사로부터 판권을 샀다. 옥스퍼드 대학교 출판부는『바닷바람 아래에서』의 신판을 1952년 4월에 내놓았다. 《라이프》가 그 일부를 게

재했고, 이 달의 책 클럽은 『바닷바람 아래에서』를 6월의 추천도서 후보로 선정했다.

레이첼은 『바닷바람 아래에서』가 다시 출간된 것이 기뻤다. 그는 『우리를 둘러싼 바다』의 성공이 없었더라면, 자신의 첫 번째 책이며, 또 자신이 가장 총애하는 책이 잊혀져서 다시 읽히지 않았으리라는 것을 알고 있었다. 『바닷바람 아래에서』는 출판도 되기 전에 약 4만 부의 주문이 들어왔다. 한동안 두 권의 책이 비소설 베스트셀러 목록에 함께 올라 있었다. 비평가들은 대양에 대한 레이첼의 해박한 지식과 따뜻한 사랑, 그리고 과학과 시를 결합할 수 있는 그의 능력을 격찬했다. 시카고의 한 서평자는 『바닷바람 아래에서』가 "오염되지 않은 바닷물의 깨끗함과 깊이를 지니고 있다"고 평했다.

처음으로 레이첼은 직장에 매이지 않고 모든 시간을 글쓰기에 바칠 수 있는 생활을 할 수 있게 되었다고 생각했다. 이제 『우리를 둘러싼 바다』와 『바닷바람 아래에서』의 인세 수입으로 그는 재정적 안정을 누릴 수 있게 되었던 것이다. 그는 구겐하임 연구비를 갚고, 1952년 6월 3일 어류 및 야생생물 관리국에 정식으로 사표를 냈다.

이듬해에 레이첼은 또 다른 오래된 꿈을 이루었다. 그는 십스콧

▲ 메인 주에 있던 레이첼의 오두막.
◀ 메인 주 해안.

만을 내려다보는 메인 주 웨스트 사우스포트에 있는 산지를 산 다음, 바위 위에다 1층짜리 별장을 지었다. 그의 오두막은 조수가 밀려오는 해안선 근처에 있었는데 아래에는 바위해안이 굽어 있었다. 숲과 조수가 나간 뒤 물이 군데군데 고인 해변은 그의 끊임없는 연구의 장소가 되었다.

7월에 레이첼과 그의 어머니는 이 집으로 이사했다. 나무판자를 댄 벽과 소나무로 된 천장에서는 숲의 냄새가 풍겼다. 바닥에는 리놀륨이 깔려 있었고, 창문에는 플라스틱 커튼이 달려 있었다. 부드러운 쿠션이 있는 소박한 등나무 의자는 벽난로와 바다 쪽으로 나 있는 창문을 마주하고 있었다. 레이첼은 거실 옆에 있는 소나무 판자를 댄 간소한 사무실의 붙박이 책상과 책꽂이 앞에서 작업을 했다. 이 사무실의 창문 하나는 바다로 나 있었고, 다른 하나는 우뚝우뚝 솟은 나무들을 내다볼 수 있게 되어 있었다.

그 첫해에 레이첼은 되도록 이 오두막에서 오래 머물면서 가을 빛깔과 하늘을 나는 철새들을 보며 즐겼다. 그는 어느 하나도 놓치지 않으려고 한 손에 쌍안경을 든 채 아침을 먹었다.

자신의 집 근처를 산책하다 만난 아이들과 이야기를 나누는 레이첼.

 7. 작가와 과학자로 모두 성공하다
1954 ~ 1957

> "만약 내가 모든 아이들의 세례를 관장하는 선한 천사에게 부탁을 할 수 있다면, 나는 이 세상 모든 아이들에게 평생 간직할 수 있는 경이감을 선물해 달라고 부탁하겠다."

1954년 봄에 날이 따뜻해지자 레이첼은 어머니와 고양이 제피를 차에 태우고 메인 주 사우스포트 섬으로 갔다. 그는 어서 여름 오두막으로 가고 싶어 안달이었다.

그날 오후 오두막에서 어머니가 낮잠에 빠져 든 후, 레이첼은 오두막의 모든 창문을 열어 집 안을 바다 냄새와 햇볕을 담뿍 받은 상록수들의 향기로 채웠다. 차에 싣고 온 물건을 다 내렸을 때, 레이첼은 목이 까만 초록색 솔새가 우는 소리를 들었다. 이어 오두막

추녀에 둥지를 튼 포이베(새의 일종-옮긴이)도 눈에 띄었다. 그는 수돗물이 나오도록 하고 전화도 연결시켰다. 그러고 나서 레이첼은 배율이 높은 현미경을 꺼내서 작업대에 설치했다.

집안 정리를 마친 그는 쌍안경을 움켜쥐고 집에서 해변으로 나 있는 가파른 나무계단을 서둘러 내려갔다. 그는 바위에 앉아서 하늘에서 빛이 차츰 엷어져 가는 것을 지켜보았다. 바닷물이 밀려와 해변에 부드럽게 부딪쳤고, 물수리 한 마리가 날개를 퍼덕이며 날아갔다. 그 발톱에는 은빛 물고기가 걸려 있었다.

그는 집을 향해 계단을 다시 올라가면서 내일부터 책을 쓰기 위한 작업을 시작해야겠다고 생각했다. 그는 혼자 중얼거렸다. "처음으로, 바로 내 코 밑에 있는 것들에 대해 쓰는구나."

뒤에 레이첼은 이웃에 사는 도로시 프리먼에게 전화를 걸어 그와 어머니가 오두막에 왔다는 사실을 알렸다. 도로시와 그의 남편 스탠리는 십스콧 만을 따라 육지 쪽으로 800미터쯤 올라간 곳에 있는 여름 오두막에서 살고 있었다. 지난해 여름, 지방 신문에서 레이첼 카슨이 근처에 집을 짓고 있다는 기사를 읽은 도로시는 이 저명한 새 주민을 환영하기로 결심했다.

레이첼은 쉽사리 또는 빨리 친구를 사귀는 편이 아니었지만, 두

왼쪽부터 스탠리, 도로시, 레이첼(메인 주에서).

여인은 금방 친구가 되었다. 도로시는 평생 여름을 이 섬에서 보내 온 터였다. 그는 자기가 좋아하는 장소들을 레이첼에게 가르쳐 주었다. 다른 자연애호가들과 함께 그들은 긴급연락망을 구성했다. 만약 도로시가 고래나 돌고래 떼를 발견하면 레이첼에게 즉시 연락했고, 레이첼이 발견했을 때는 반대로 즉시 도로시에게 연락했다.

그해 여름, 레이첼은 오두막에 가구를 들여놓고 야생화 정원을 만들기 시작했다. 그는 또 프리먼 부부와 어머니와 함께 자주 소풍을 갔다. 그는 자기의 조카들이 이곳에 자주 찾아오기를 바랐다. 레이첼은 특히 마조리의 어린 아들 로저를 만나는 날을 고대했다.

그의 독자들에서 온 편지가 책상 위에 수북이 쌓인 채 레이첼의 손길을 기다리고 있었다. 레이첼은 그 편지들에 답장을 쓸 생각을 하며 한숨을 쉬었다. 어느 대학생은 장래의 직업 선택에 대해 그에게 충고를 구하고 있었다. 조용히 쉴 만한 해변을 찾는 90살 노부인이 보낸 편지도 있었다. 레이첼은 시간 계획을 세심하게 짤 필요가 있었다. 그럭저럭 시간을 보내다가는 글을 쓸 시간을 낼 수 없을 것 같았다.

여름 내내 레이첼은 조수가 빠져나가면 현장조사를 하곤 했다. 이 시간이 관찰을 하고 표본을 수집하기에 가장 좋은 시간이었다.

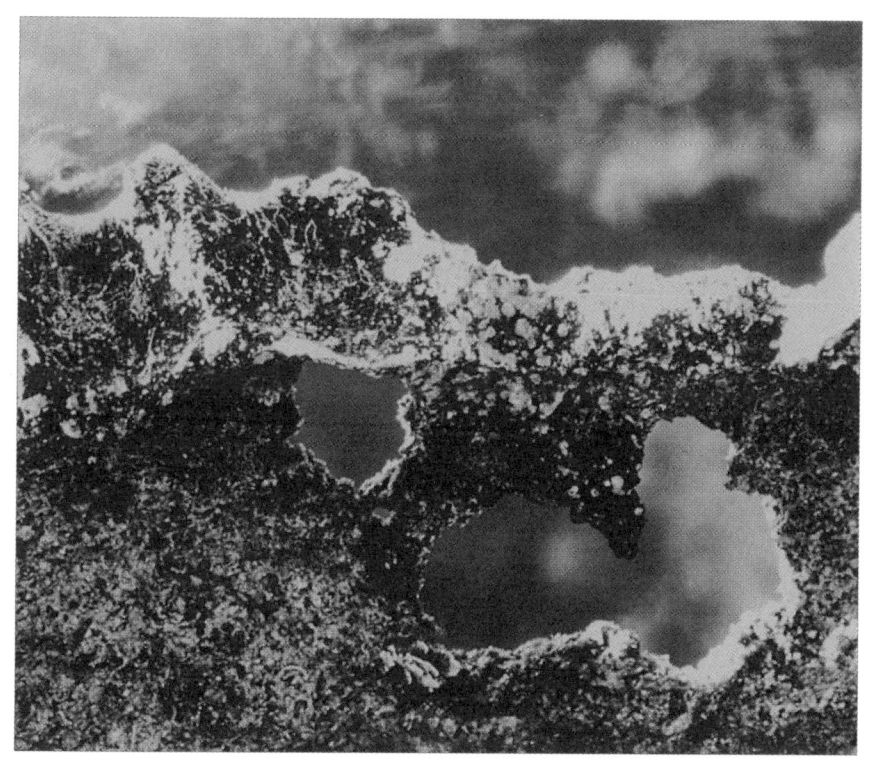

플로리다 주 산호초를 가까이서 찍은 사진.

폭풍우가 지나가고 나면 그는 물결에 쓸려 온 새로운 특별한 것이 없는지 모래톱을 살폈다.

레이첼은 몇 년 동안 쉬엄쉬엄 『바다의 가장자리(The Edge of the Sea)』 집필 작업을 해 오고 있었다. 이 책은 그동안, 종종 겪는 고통스러운 몇 단계를 거쳐 왔다. 레이첼은 자기가 이미 보아 온 해변

안내서들처럼 종(種)의 이름을 단순히 나열하는 것으로 만족할 수 없었다. 그보다 그는 생태학-각각의 식물이나 동물이 공동체에 속해 있다는 생각-에 대해 쓰고 싶었다. 그의 독자들이 공동체를 이루어 살아가듯이 바다의 생물들도 공동체를 이루며 살아가고 있었다. 그의 목표는 "해변이 단순한 경치의 범주에서 벗어나서 생생하게 살아나도록 하고…… 생태학적 개념이 책의 내용을 지배해야만 한다"는 것이었다.

레이첼은 고치고 또 고쳤다. 자신을 담당하고 있는 휴턴 미플린 출판사의 편집자 폴 브룩스에게 보낸 편지에서 레이첼은 이렇게 썼다.

> 나는 지금 원고 때문에 고문을 당하고 있습니다. 하지만 나에게는 이것이 정상적인 일이라고 생각합니다.

마침내 책의 초안이 잡혔다. 레이첼은 미국의 해안을 세 생명공동체로 나누어 서술하기로 했다. 조수의 영향을 받는 코드 곶 북쪽의 바위가 많은 해안과 파도의 지배를 받는 코드 곶 남쪽의 모래 해변, 그리고 주로 대양 조류의 지배를 받는 훨씬 더 남쪽의 산호초와 홍수림 해안이었다.

▲ 메인 주의 바위해안.
◀ 메릴랜드 주 해안의 파도.

해변에 숨어 있는 딱총새우를 찾고 있는 레이첼과 보브 하인스.

그는 이 책을 만드는 데 어류 및 야생생물 관리국에서 근무할 때부터 오랜 친구이자 동료인 보브 하인스와 협력하기로 했다. 보브가 책의 삽화를 맡기로 한 것이다. 보브가 그 본래의 서식지에서 살고 있는 동물들을 스케치하는 것을 좋아했으므로 그와 레이첼은 플로리다 주에서 메인 주에 이르는 대서양 해안의 해변과 바위, 산호초에서 함께 작업을 했다. 레이첼의 어머니가 흔히 그들과 함께 갔다. 레이첼의 어머니는 차 안에서 편지를 쓰거나 해변에 담요를 깔고 그 위에 앉아 있곤 했다.

바위 위를 걸어다닐 때는 보브와 레이첼은 낡은 운동화를 신었다. 레이첼은 천천히 걸었다. 그는 동물을 밟거나 따개비로 덮인 바위를 잘못 디뎌 미끄러지는 일이 없도록 하기 위해 조심스레 한 발짝 한 발짝을 떼어 놓았다. 그는 허리에 표본 병들이 죽 꽂혀 있는 생물학자의 벨트를 두르고 있었다.

여러 면에서 보브 하인스는 레이첼의 오빠 같았다. 그는 레이첼이 바위 위에서 넘어지거나 찬 물 속에 너무 오래 있다가 감기에 걸릴까 봐 걱정했다. 보브는 사우스포트 섬에서 레이첼의 가족들과 소풍을 함께 가기도 했다.

그해 여름 보브와 레이첼은 해변에 사는 동물과 식물들의 표본을 여러 양동이 수집했다. 레이첼은 오두막에 돌아와서는 해초의 갈라진 잎이나 서관충, 작은 달팽이 같은 생물들을 현미경으로 관찰했다. 그는 자신의 작은 노트에다 자기가 관찰한 표본들의 모양이나 행동을 자세히 기록했다. 화가와 과학자는 작업을 서둘렀다. 그런 다음에는 모든 표본들을 해수가 가득 담긴 양동이에 도로 담

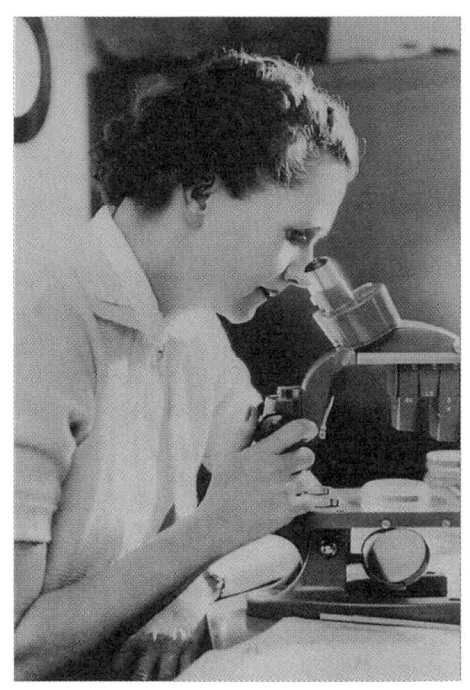

해변에서 채집한 표본을 현미경으로 관찰하는 레이첼.

았다. 보브와 레이첼은 그 양동이를 들고 계단을 내려가서 관찰한 동물과 식물을 원래 있던 장소로 돌려보냈다.

긴 겨울 동안 레이첼은 실버스프링에 있는 자신의 집에서 원고를 완성했다. 그는 원고를 휴턴 미플린 출판사로 부쳤다. 레이첼은 폴 브룩스에게 책 겉표지에 보브 하인스에 대한 소개가 꼭 나오도록 해 달라고 부탁했다. 그가 160개의 삽화를 그렸으니 그의 공을 무시할 수 없었다. 그는 이 책을 "나와 함께 해변으로 내려가서 그 아름다움과 신비를 함께 느낀 도로시와 스탠리 프리먼 부부"에게 바쳤다.

『바다의 가장자리』가 1955년 가을에 나오기 전에 그 일부가 《뉴요커》에 실렸고, 압축된 내용이 《리더스 다이제스트》에도 게재되었다. 오래지 않아 『바다의 가장자리』는 《뉴욕타임스》 베스트셀러 목록에 올랐고 그 자리를 23주 동안 지켰다.

이 책 역시 호평을 받았다. 《크리스천 사이언스 모니터》의 서평자는 이렇게 썼다. "카슨 양의 문체는 그 어느 때보다 시적이고 그가 전하는 지식은 심오하다." 그는 미국 여학사협회로부터 성취상을 받았고, 미국 여성위원회로부터는 '올해의 가장 훌륭한 책' 상을 받았다.

레이첼에게 1956년은 신나는 한 해였다. 그는 저작자로도 과학자로도 큰 성공을 거두고 있었다. 그러나 그는 명성이 자기의 삶을 변화시키는 것을 허락하지 않았다. 그는 옛 친구들과 가족들을 만나고 또 그들과 편지를 주고받는 것을 즐겼다. 낡은 차도 그대로 몰고 다녔다.

그해 여름, 그는 마조리의 아들 로저를 생각하면서 자연을 아이들과 함께 즐기는 일에 대한 글을 써서 잡지에 기고했다. 「당신의 자녀가 경이를 느끼도록 도와주라」라는 제목의 이 글은 《위민스 홈 컴패니언》에 실렸다. 10년 후 이 글은 『경이감(The Sense of Wonder)』이라는 제목이 붙은 소책자 형태로 출판되었다. 이 글의 첫머리에서 레이첼은 이렇게 썼다.

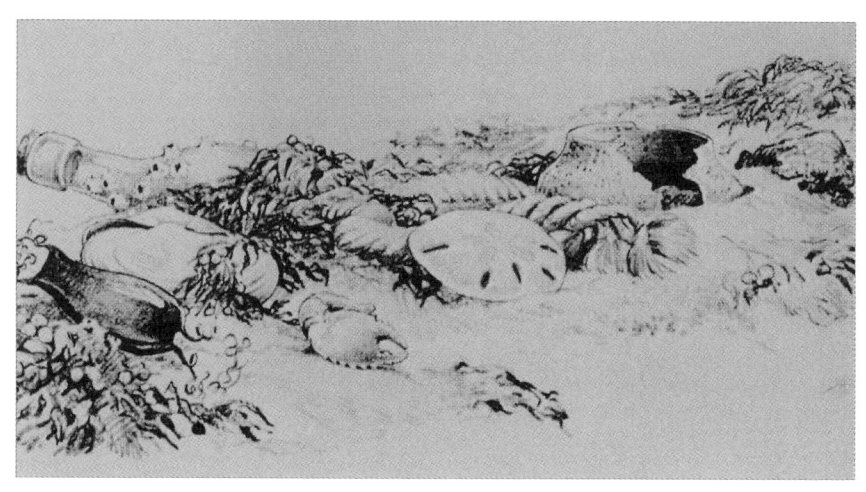

　　내 조카 로저가 생후 20개월쯤 된 어느 가을날 밤이었다. 밖에는 폭풍우가 일고 있었는데 나는 그 아이를 담요로 둘둘 말아 안은 채 캄캄한 해변으로 데려갔다. 우리가 볼 수 없는 광대한 바다의 가장자리인 그곳에서는 집채만 한 파도가 요란한 소리를 내며 밀려와서 하얀 거품을 일으켰으며, 그 거품의 일부가 우리에게 날아오기도 했다. 우리는 순수한 기쁨을 느끼면서 함께 웃었다. 그애는 대양의 요동을 처음 대하는 아기였고 나는 반평생을 바다를 사랑하며 살아온 사람이었다. 하지만 그때 우리 두 사람이 암흑에 둘러싸인 채 포효하는 광대한 바다를 바라보며 느낀 짜릿한 환희는 똑같았을 것이라고 나는 생각한다.

보브 하인스가 『바다의 가장자리』에 그린 삽화 가운데 하나. 연잎성게, 달고둥, 달랑게 등이 보인다.

그해 여름 레이첼은 정신없이 바빴다. 87살의 마리아 카슨은 관절염으로 다리를 절게 되어 누군가가 옆에서 그를 계속 돌보아 주어야 했고, 마조리는 당뇨병에 시달리고 있었다. 레이첼은 매일 두 여인이 근처의 병원으로 가서 치료를 받을 수 있도록 태워다 주었다. 친구들은 꼬리를 물고 그를 찾아왔다. 그들은 자동차를 타고 오기도 했고 배를 타고 오기도 했다. 레이첼은 그들과 함께 숲속과 바닷가를 산책하곤 했지만, 마리 로델에게 이런 편지를 보내기도 했다. "난 지쳤어요. 도로에다 푯말을 세우고 '레이첼 카슨은 남극 탐험 중. 11월에 귀가 예정'이라고 써 놓으면 어떨까 하고 생각하기도 합니다."

바쁜 일정에도 레이첼의 머릿속은 새로운 꿈들로 가득 차 있었다. 그는 섬에서 자신이 살고 있는 구역을 사람들이 자연을 탐험할 수 있는 보호구역으로 만드는 일에 대해 친구들에게 조언을 구했다. 그는 돈이 충분히 모이면 해안의 일부를 구입할 생각이었다. 한편 그는 황무지를 구입해서 보존하는 국제단체인 자연보호협회의 메인 주 지부를 창설하는 일을 도왔다.

그해가 끝나갈 무렵, 마리아 카슨이 폐렴에서 천천히 회복되고 있었다. 하지만 이듬해 1월에는 레이첼이 독감에 걸려 2주일 동안 누워 있었다. 레이첼은 마조리가 입원해야 했기 때문에 로저를 돌보고 있었다. 병마와 힘겹게 싸우던 마조리는 2주일 뒤에 폐렴과 당뇨병 합병증으로 사망했다.

레이첼은 폴 브룩스에게 보낸 편지에서 자기의 조카에 대해 이렇게 썼다.

마조리와 나는 그가 살아 있는 동안 내내 아주 가까운 사이였지요. 물론 나는 그의 죽음이 말할 수 없이 안타깝습니다.…… 이제 나는 로저를 아들처럼 길러야 할 것입니다. 그애는 아버지를 기억할 수 있기도 전에 아버지를 잃

"포효하는 광대한 바다."

없고, 몇 안 되는 우리 가족 중에서 그 애를 돌봐 줄 사람은 나밖에 없답니다. 그 애와 가장 가까운 사람이 나니까요.

레이첼은 이제 5살 된 소년의 어머니가 되었다. 그의 어머니는 88살이었다. 5월이면 레이첼도 50살에 접어들었다.

8. 생명을 위협하는 흰색 가루
1957 ~ 1958

> "하지만 나는 사실을 알고 있으므로, 그 사실을
> 많은 사람들에게 알리기 위해 노력할 수밖에 없다."

실버스프링에서 레이첼은 로저를 가만히 내버려 두지 않았다. 그 애가 자기 어머니의 죽음을 생각할 겨를을 주지 않기 위해서였다. 그들은 비 오는 날이면 노란 비옷을 입고 숲 속을 탐험했다. 밤에도 레이첼은 그 애를 일찍 재우지 않았다. 밖에 나가 별들이나 보름달을 함께 관찰했고, 그런 다음에도 잠이 들 때까지 아이에게 『피터 래빗 이야기』나 그 밖의 베아트릭스 포터 동화집을 읽어 주었다. 그는 또 로저를 집에서 가까운 학교로 전학시켰다. 게다가 몸이 쇠약해진 카슨 부인도 세심하게 돌봐 주어야 했다. 아직도 폐렴에서 완전히 회복된 것이 아니었기 때문이다. 슬픔과 책무에 짓눌린 레이첼은 글을 쓸 시간을 별로 낼 수 없었다. 레이첼도 자주 감기에 걸렸고 체중도 줄었다. 그러나 언제나 그랬듯이 그는 자기의 감정을 겉으로 드러내지 않았고 여간해서는 불평을 하지 않았다.

마조리가 죽기 전에 레이첼은 실버스프링에 1에이커(약 4,047㎡)의 땅을 사 놓았었다. 그 땅에 그와 어머니가 살 집을 짓는 공사가 진행되고 있었다. 레이첼은 건설업자와 함께 그 집의 설계도를 다시 검토했다. 어린 소년의 침실을 만들어야 했기 때문이었다.

거의 매일 레이첼은 차를 몰고 건설 현장으로 가서 공사 진행 상황을 살폈다. 그는 창문과 문, 문 손잡이를 고르고 집에 칠할 페인트 색깔을 선택했다. 레이첼은 한 가지만큼은 확실히 했다. 그는 쓸데없는 장식물은 원하지 않았다. 그가 짓는 집은 소박하고 기능적인 집이어야 했다.

레이첼과 로저, 마리아 카슨이 마침내 새집으로 이사해 들어갔다. 레이첼은 기필코 건강을 회복해서 글쓰기가 포함된 시간표에 따라 생활하겠다고 다짐했다. 그가 새로 해야 할 일은 『우리를 둘러싼 바다』를 어린이용으로 다시 쓰고 삽화를 넣어 새롭게 만드는 일이었다. 그는 이 어린이용 책의 원고와 레이아웃을 검토했다. 일을 하면서 그는 창문으로 집을 둘러싸고 있는 숲을 내다보곤 했다. 친구들이 잠깐씩 들러서 칸막이를 한 현관에서 산들바람을 즐겼다. 그럴 때면 레이첼이 기르는 고양이들 가운데 한 마리가 현관을 가로질러 달려가곤 했다.

그해에 레이첼은 잡지 《홀리데이》의 청탁을 받아들였다. 《홀리데이》는 '자연의 아메리카'라는 제목이 붙은 특집호에 그가 해변의 '원시적인 아름다움'에 대한 글을 써 주기를 바랐다. 레이첼은 마리에게 보낸 편지에서 자기는 기꺼이 그 글을 쓰겠지만 "오늘날 그런 해변에 대한 글을 쓰자면 독자들의 머릿속에 그런 장소가 별로 남아 있지 않다는 생각을 심어 줄 수밖에 없다"고 했다.

「끊임없이 변하는 우리의 해안」이란 이 글에서 레이첼은 늪지에 깔린 안개와 갈매기 떼, 넓은 모래사장, 보름달과 조수, 그리고 인간 때문에 변해 가는 해안을 시적으로 묘사했다. 그는 또 한때 무인지경의 해안이었던 곳에 도로가 닦이고 낚시꾼들의 통나무집, 음료수 판매대 들이 여기저기 자리를 잡고 있다고 지적했다.

그는 독자들에게 "아직 남아 있는 미개발 지역의 일부를 주립공원이나 국립공원으로 만들어야 한다"고 역설했다. 일부 지역은 마치 인간이 존재하지 않는 것처럼 손대지 않은 상태로 유지되어야

사우스캐롤라이나 주의 깨끗한 작은 만.

한다고 그는 생각했다. "이 우주 시대의 세계에도 인간의 방식이 항상 최선은 아닐 수도 있는 가능성이 남아 있기 때문"이었다.

누구나 「끊임없이 변하는 우리의 해안」에 대해 칭찬을 아끼지 않았다. 레이첼의 친구이며 작가요 선원이며 판사인 커티스 보크는 이렇게 썼다. "아, 얼마나 아름다운 글인가. 정말 훌륭하다. 당신은 사람들을 곧장 해안으로 데리고 가서 그들이 거기서 산책하고 해안을 느끼고 이해하게끔 해 주고 있다."

쓰레기로 뒤덮인 해안가.

　레이첼은 이 글을 더욱 보충해서 하나의 작은 책으로 만들면 어떨지를 폴 브룩스와 논의했다. 이 책의 주제는 이미 잡지에 실린 글에도 나타나 있듯이 인간의 발길이 미치지 않은 지역 가운데 일부를 그대로 보존해야 한다는 그의 생각이었다. 쓰레기를 마구 버리고, 택지나 건축 용지로 마구 개발하고, 또 DDT 같은 인간이 만든 화학물질을 점점 더 많이 사용함으로써 해안뿐만 아니라 지구 전체가 변해 가고 있었기 때문이다.

여러 해 전부터 레이첼은 살충제 사용이 가져올 파장을 우려해왔다. 그가 글을 써서 별도의 수입을 올리려고 애쓰던 1945년에 이미 그는 DDT 사용에 관한 글을 써서 《리더스 다이제스트》에 보낸 적이 있었다.

사실 메릴랜드의 내 집 뒷문 밖에서 중요하고 흥미로운 실험이 진행되고 있다.…… DDT 사용에 관한 이 실험은 DDT를 넓은 지역에 사용했을 때 일어날 수 있는 부작용, 즉 유익한 곤충 또는 없어서는 안 될 곤충들에게 그것이 어떤 영향을 미치는지, 또한 곤충들을 먹이로 삼고 있는 물새나 육지의 새들에게는 어떤 영향이 있는지, 그것을 무절제하게 사용할 경우 그것이 자연의 미묘한 균형을 깨뜨리지 않는지를 알아보기 위해 계획된 것이다.
나는 이 실험을 다룬 이 글이 시의적절하다고 생각한다.

그러나 《리더스 다이제스트》는 이 글에 흥미를 느끼지 않았다. 당시 레이첼은 가족을 돌보고 직장 일을 하느라고 바빴으므로 다른 잡지들에 DDT에 관한 이 글을 실을 의향이 있는지 물어보지 못했다. 그래도 그는 살충제의 광범한 사용이 가져오는 위험을 다룬 보고서 등 수많은 정부 보고서를 계속 읽었다. 하지만 DDT가

서식지인 소금밭에 죽어 있는 긴부리뜸부기.

장기적으로 가져올지도 모르는 심각한 결과를 지적한 보고서는 별로 없었다.

레이첼은 DDT와 기타 독성 물질의 생산이 계속 늘어나고 있다는 것을 알고 있었다. 1950년대 후반까지 곤충과 잡초, 곰팡이, 쥐 등을 죽이기 위한 새로운 화학물질이 200종 넘게 개발되었다. 농부와 주택 소유자, 정원사 등이 수백만 킬로그램의 살충제를 미국과 세계 전역에 살포했다.

살충제 제조회사들은 DDT와 그와 비슷한 화학물질의 '신묘한 효능'을 떠벌리며 그들이 농부들의 시간과 돈, 노동력을 절약해 주고 있다고 자랑했다. 이들 회사들은 "곤충들과의 전쟁"이니 "해충들에게 나쁜 소식"이라느니 하는 대문짝만 한 신문광고를 내는 등, 그들의 제품을 광고하는 데 엄청난 돈을 쏟아 부었다.

그러나 DDT의 공격을 받은 곤충들은 대부분 더욱 강하고 살충제에 저항력이 있는 후손들을 만들어 내기 시작했다. 레이첼은 화학물질들이 먹이사슬에 침투했다는 것을 알고 있었다. 살충제는 처음에 식물 속으로 들어간 다음 동물에까지 침투했다. 결국 살충제는 인간의 조직과 기관에까지 침투해서 암 같은 각종 질병을 더욱 많이 발생시켰다. 레이첼은 이 새로운 화학물질들이 유전적 변화를 유발해서 후대에 육체적, 정신적 기형을 일으키지 않을까 의심했다.

레이첼은 살충제의 위험에 대한 개인적인 관심 외에도 다른 계획을 구상하고 있었다. 대륙들을 다루는 '지구의 기억'이라는 책이었다. 그러나 그는 편지 한 장을 받고 계획을 바꾸었다.

신문기자 출신으로 레이첼의 친구인 올가 오웬스 허킨스는 매사추세츠 주에서 살고 있었는데, 그는 남편과 함께 사설 새보호구역을 설치해 놓고 있었다. 그해에 모기를 없애기 위해 그 일대에 공중에서 살충제를 살포했다. 1958년 1월 올가는 《보스턴 헤럴드》에 편지를 보냈고, 그 편지의 사본 한 장을 레이첼에게도 보냈다.

'무해한' 소나기 목욕이 아름다운 노래를 들려주던 우리의 새 일곱 마리를 죽여 버렸다. 우리는 이튿날 아침 바로 문 옆에서 죽은 새 세 마리의 시체를 거두었다. 그 새들은 우리를 믿고 우리 가까이에서 살며 매년 우리의 나무에 둥지를 틀던 새들이었다. 그다음 날에는 세 마리가 새 목욕탕 주변에 널브러져 있었다. (나는 살충제가 살포된 후 새 목욕탕의 물을 비우고 그 안을 박박 닦았었다. 그러나 DDT를 죽일 수는 없었다.) 그다음 날 개똥지빠귀 한 마리가 우리 숲의 나뭇가지에서 갑자기 뚝 떨어졌다. 우리는 너무나 가슴이 아파서 다른 새의 시체들을 찾아볼 수 없었다. 이 모든 새들은 끔찍하게 똑같은 모양으로 죽었다. 부리는 열려 있었고, 벌려진 발톱은 고통에 몸부림친 듯 가슴까지 들어 올려져 있었다.

필요하지도 않은 곳 또는 원하지 않는 곳에 살충제를 공중살포하는 것은 비인간적이고 비민주적인 짓이며, 아마 헌법에도 위배되는 행동일 것이다. 고문받는 대지에 무기력하게 서 있는 우리들에게 그것은 참을 수 없는 일이다.

레이첼은 하던 일을 제쳐 두고 친구를 도울 방법을 알아보았다. 워싱턴에서 그는 전문가들에게 살충제에 관한 정보를 부탁했다. 살충제에 관해 알면 알수록 그는 더욱 분노를 참을 수 없었다.

레이첼은 그의 출판 대리인인 마리에게 전화를 걸어서 살충제에 대한 정보가 신문이나 잡지에 거의 발표되지 않고 있다는 점을 설명하고, 마리가 이 문제에 대해 글을 쓸 누군가를 찾아보는 것이 어떻겠느냐고 제의했다. 한편 레이첼은 여러 사람에게 전화를 걸고 편지를 보냈으며 참고문헌들을 찾아 읽었다. 살충제의 대량 사용에 대해 알게 된 그는 소름이 끼쳤다. 마음이 내키지 않았지만, 그는 자신이 직접 살충제에 대한 글을 쓰는 문제를 고려하게 되었다.

마리가 당시 많은 독자들에게 읽히고 있던 잡지들인 《리더스 다이제스트》, 《레이디스 홈 저널》, 《우먼스 홈 컴패니언》, 《굿 하우스키핑》에 전화를 걸어 알아보았다. 4개 잡지 모두 레이첼이 구상하고 있는 글의 게재를 거부했다. 한 편집자는 살충제에 대한 그런 정보가 과연 신빙성이 있는 것인지 의심스럽다고 말했다.

그 무렵 레이첼은 살충제의 사용과 관련된 뉴욕 법정의 재판을 지켜보고 있었다. 롱아일랜드의 한 시민단체가 집시나방을 없애기 위해 실시되는 DDT 공중살포에 항의해서 낸 소송이었다. 공중살포가 강행되어 정원과 농장, 연못과 해변가의 늪지를 DDT로 덮어 버렸다. 통근자들, 놀고 있던 아이들, 그리고 밖에 있던 사람은 누구나 끈적끈적한 살충제 혼합물을 뒤집어썼다. 새와 물고기, 게 등 유익한 곤충들이 죽었고, 심지어 구유에 고여 있던 오염된 물을 먹

메뚜기를 없애기 위해 항공기로 살충제를 살포하는 모습.

은 말도 한 마리 죽었다.

레이첼은 재판정에 직접 가서 방청할 수는 없었다. 그래서 그는 『샬롯의 거미줄』과 『어린 스튜어트』의 저자인 E. B. 화이트에게 편지를 썼다. 화이트는 《뉴요커》에 자연을 대하는 인간의 오만한 태도를 비판하는 에세이를 기고한 적이 있었다. "펜을 들어 이 난센스(집시나방을 죽이기 위해 살충제를 공중살포하는 것)에 대항하세요." 그는 간청했다. "대중들에게 이 끔찍한 사실을 공포하는 사람을 뒷받침할 엄청난 사실이 기다리고 있으니까요."

롱아일랜드의 시민들이 법정에서 싸우고 있는 동안 레이첼은 그들과 서신을 주고받았고, 그래서 2,000쪽에 이르는 증언 전체를 입수했다. E. B. 화이트가 그에게 답장을 보내왔다. "내 생각에는 이 오염의 문제는 아주 광범한 문제인 것 같습니다. 집시나방 건은 그 작은 일부에 지나지 않지요.…… 오염은 주방에서 목성과 화성에 이르기까지 곳곳에서 일어나고 있으니까요." 그는 레이첼에게 《뉴요커》의 윌리엄 숀과 접촉해 보라고 격려했다. 자기는 해야 할 다른 일이 있으니 레이첼이 직접 그 글을 써 보라는 것이었다.

자연보호운동에 몸으로 직접 나선 활동가는 아니었지만, 레이첼은 자신이 직접 살충제의 위험을 알리는 글을 쓰기로 했다. 그는 이렇게 말했다.

이제 행동할 때가 왔다. 내가 침묵을 지킨다 해도 나에게 평화는 없을 것이다 그는 잡지에 글을 쓰거나 아니면 누군가와 협력해서 책을 집필하기로 동의했다. 그는 살충제에 대해 알고 있는 과학자들과 서신을 교환하는 데 더욱 열중했으며, 또 살충제와 관련된 기사들을 모았다. 그리고 관련된 사실을 철저하게 확인했다. 메모 파일과 전 세계 전문가들이 보내온 편지들이 그의 책상에 가득했다. 그는 그 편지들을 하나하나 읽고 답장을 보냈다.

레이첼은 살충제에 대해 글을 쓰기에 충분할 정도로 경험이 풍부한 사람, 또 그런 글을 쓸 만한 사람이 자기 이외에 달리 없다는 것을 깨달았다. 그는 《뉴요커》에 기사를 쓰기로 동의했다. 1958년 5월 22일, 그는 휴턴 미플린 출판사와 책을 집필하는 계약도 맺었다. 책의 임시 제목은 '자연의 통제(The Control of Nature)'였다. 레이첼은 이 책의 원고를 1959년 1월까지는 완성할 수 있을 것이라고 예상했다. 이 책 외에도 그는 많은 구상을 가지고 있었다. 그 가운데 하나는 아이들과 함께 자연을 탐구하는 것을 다루는 책이었다.

9. 『침묵의 봄』, 세상을 깨우다

1958 ~ 1962

> "내가 만약 할 수 있는 모든 일을 하지 않는다면, 나는 다시는 행복하게 지빠귀의 노랫소리에 귀를 기울일 수 없을 것이다."

처음으로 레이첼은 메인 주의 바닷가나 우즈 홀의 실험실에 있는 것들이 아닌 것을 연구하게 되었다. 그는 산더미같이 쌓인 전문 자료들에 몰두했다. 그는 매일 정부 측의 증언을 읽었다. 메인 주로 곧장 달려가는 대신 도서관에서 참고서적들을 뒤적였다. 그는 살충제를 조금이라도 알고 있는 미국과 유럽의 모든 과학자들에게 편지를 보냈다.

여름이 끝나고 가을이 다가오자 레이첼은 점점 더 많은 시간을 병든 어머니와 함께 보내야 했다. 그해 9월 그는 또 유치원을 마치고 초등학교에 입학하는 로저도 도와야 했다. 그는 로저가 그린 그림들을 걸어 놓고 그의 학교 공부도 보아 주었다. 로저가 병이 나서 학교에 못 가고 집에서 쉴 때는 레이첼이 로저를 간호했다.

1958년 12월 초에 마리아 카슨이 결국 세상을 떠났다. 그와 어머니는 늘 가까이 지내 왔으므로 어머니의 죽음은 그에게 커다란 충격을 주었다. 이제 레이첼은 불과 한 해 동안에 어머니와 증조할머니를 모두 잃은 로저의 양육 책임을 혼자서 떠안아야 했다. 어머니가 세상을 떠나고 몇 주일 뒤, 레이첼은 한 친구에게 보낸 편지에서 자기 어머니를 떠올리며 이렇게 썼다.

> 어머니는 삶과 살아 있는 모든 것들을 무척이나 사랑하셨지.…… 어머니는 부드럽고 인정이 많은 분이셨지만, 당신이 옳지 않다고 생각하는 일 – 우리가 지금 벌이고 있는 살충제 반대 운동 같은 – 에는 용감하게 맞서 싸울 수 있는 분이셨어. 그분이 살충제를 어떻게 생각했으리라는 걸 알기 때문에 난 곧 그 일로 다시 돌아갈 수 있고 또 그 일을 끝까지 해낼 수 있을 것 같아.

레이첼은 2월에 다시 자기 일로 되돌아갔다. 그는 편집자에게 일의 진척 상황을 보고했다. "아주 복잡한 그림 맞추기 퍼즐의 조각

옥수수밭에 트랙터로 살충제를 살포하는 모습.

들이 마침내 제자리를 찾아가기 시작했습니다.…… 이제 이 화학물질들이 우리에게 주는 폐해를 하나하나 지적하는 것이 가능해졌습니다."

작업은 더디게 진행되었다. 레이첼은 모든 전문적인 논문들을 읽고 그 논문들에서 불분명한 논점을 하나하나 편지를 보내 확인하는 데 걸리는 시간을 과소평가했었다. 그는 한 편지에서 마치 "있는 힘을 다해 달려도 자기가 있던 자리를 벗어나지 못하는 '붉은 여왕'(루이스 캐럴의 『거울 나라의 엘리스』에 나오는 인물)이 된 것 같은" 느낌이라고 썼다.

그해에 뉴욕에서 진행되던 소송은 시민들의 패배로 끝나고 말았다. 재판 과정을 관심 있게 지켜보던 레이첼은 실망했다. 법정에 제출된 증거들은 DDT가 해롭다는 것을 입증하고 있는 것처럼 보였다. 그러나 미국 대법원은 기술적인 이유로 시민들이 제기한 소송을 반려해 버렸다.

메인 주에서 돌아온 레이첼은 진 데이비스를 비서 겸 조수로 고용했다. 두 사람은 곧 친한 친구가 되었다. 진은 경제학 박사 학위를 가지고 있었고, 그의 남편은 의사로 암 전문의였다. 따라서 진은 의학용어에 정통했고, 도서관에서 레이첼을 위해 의학 서적들을 읽고 필요한 자료를 뽑아낼 수 있었다.

로저가 학교에 가 있는 동안 레이첼은 종교적 열정과 비슷한 열정으로 쉬지 않고 일했고, 종종 밤늦도록 일을 하고 로저가 나돌아다니기 전에 그의 생각을 정리하기 위해서 아침 일찍 일어났다.

레이첼은 어류 및 야생생물 관리국에서 근무하던 시절부터 사귀

한때는 깨끗했던 코네티컷 주 뉴헤이븐 항의 기름찌꺼기 위에 내려앉은 갈매기들.

어 온 오랜 친구이며 저명한 생물학자인 클라렌스 코텀 박사와 서로 긴밀하게 협력하며 작업을 했다. 레이첼이 자신이 준비하고 있는 책에 담을 증거들을 조용히 수집하고 있는 동안 코텀 박사는 살충제의 오용을 공개적으로 비난했다.

두 사람은 편지를 자주 주고받았다. 한번은 코텀 박사가 이런 답장을 보내왔다. "내가 보기에 당신은 그 누구보다도 더 깊숙이 이 문제를 파고든 것 같습니다.…… 워낙 논란이 치열한 문제이기 때문에 그 책이 과연 베스트셀러가 될 수 있을지 의심스럽습니다."

코텀 박사가 말하는 '이 문제'란 살충제 문제였다. 화학약품 제조회사들은 DDT와 클로르데인 같은 새로운 제품으로 수백만 달러의 이익을 벌어들이고 있었다. 미국 농무부(USDA) 같은 정부기관들도 이 제품들을 자랑스럽게 생각하고 있었고, 이 제품들이 비난의 대상이 되는 것을 원치 않았다. 많은 생물학자들이 이름을 숨긴 채 레이첼에게 편지를 보내 여러 가지 정보를 제공했는데, 그것은 그들이 직장을 잃을까 두려워했기 때문이었다.

한 과학자는 테네시 주에서 일본 딱정벌레를 죽이려고 살충제 디엘드린을 살포한 사례를 보고해 왔다. 1헥타르(1만m^2)당 34킬로그램의 디엘드린 분말이 공원을 뒤덮었고, 야외 식탁에도 이 분말이 하얗게 내려앉았다고 했다. 또한 사람들은 가져간 음식들을 식탁에 차리기 전에 식탁을 훔쳐 내야 했다고 알려 왔다.

일부 관리들은 레이첼에게 말썽꾼이라는 딱지를 붙이고 그에게 정보를 제공하는 걸 꺼렸다. 레이첼은 수백 명의 사람들과 서신을 주고받고 있었는데, 그는 그들 대부분에게 자신이 추진하고 있는 프로젝트의 전모를 밝히지 않기로 결심했다. 레이첼은 자기가 전

포토맥 강의 하구 위를 날고 있는 기러기 떼.

쟁을 시작했고, 이미 양편이 거의 비슷한 세력으로 갈라져 있다는 것을 알고 있었다.

몇몇 과학자들은 레이첼에게 소중한 도움을 주었다. 그들은 자신들이 발견한 사실을 레이첼에게 알려 주었다. 미국 암 연구소의 한 의사를 비롯한 몇몇 의사들은 그가 살충제와 관련된 암 유발 위험성을 다루는 장(章)을 쓰는 데 도움을 주었다. 또 다른 전문가들은 자신들이 여러 해에 걸친 오랜 연구 끝에 발견한 사실을 알려 주어 레이첼이 살충제가 새와 야생동물 들에 미치는 영향을 다루는 장을 집필하는 데 큰 도움을 주기도 했다.

레이첼은 특히 새들이 입은 엄청난 피해에 분노했고, 자신의 책을 읽을 독자들도 그러하리라는 것을 알고 있었다. 그와 폴 브룩스는 새들을 다룬 장의 제목을 '침묵의 봄'이라고 할까 고려하고 있었다. 나중에 그들은 침묵의 봄이라는 이미지가 책 전체를 상징한다는 것을 깨닫고 『침묵의 봄(Silent Spring)』을 전체 제목으로 결정했다.

1960년까지 책을 완성하려는 레이첼의 노력은 수포로 돌아갔다. 악화된 건강이 발목을 잡았다. 다른 가족들과 마찬가지로 그도 관절염에 시달렸다. 1960년 봄 그는 독감으로 앓아누웠고, 그 뒤에는 비염과 위궤양으로 고통을 받았다. 폴에게 보낸 편지에 그는 이렇게 썼다. "책이 완성될 때까지 좀 참아 줘야 할 텐데!"

선거가 있던 1960년, 레이첼은 민주당 자문위원회의 자연자원 분과위원회에 관여했다. 그는 민주당 정강의 오염 방지, 방사능에 의한 바다 오염, 지구의 화학물질 오염 등에 관련된 부분을 집필했다. 그는 자연 지역의 보존과 황야보존법의 통과를 역설했다.

레이첼은 『침묵의 봄』 집필 작업으로 되돌아갔고, 동시에 또 다른 큰 프로젝트를 시작했다. 옥스퍼드 대학교 출판부를 위해 『우리를 둘러싼 바다』를 수정하는 작업이었다. 개정 신판의 서문에서 그는 원자력 쓰레기에 의한 대양의 오염에 대해 경고했다. 마지막 문단에서 그는 이렇게 썼다.

> 생명이 탄생한 바다가 이제 그 생명의 한 형태의 활동에 의해 위협받고 있는 묘한 상황이 전개되고 있다. 그러나 바다는 비록 좋지 않은 방향으로 변화되기는 했지만 계속 존재할 것이다. 그 위협은 오히려 생명 그 자체에 대한 위협이다.

늘 기진맥진한 상태였지만, 레이첼은 기를 쓰고 작업을 계속했다. 독감이 자꾸 도져 의사를 찾아가곤 했다. 그해가 저물어 갈 무렵 그에게 나쁜 소식이 전해졌다. 그가 암에 걸렸다는 것이었다. 그 전해 봄에 그는 유방에 생긴 악성 종양을 제거한 적이 있었다. 그러나 그때 그를 치료한 의사는 그 사실을 레이첼에게는 알리지 않았었다. 그런데 이제 암이 몸으로 퍼지고 있었다.

레이첼은 별일 아니라는 투로 폴에게 편지를 썼다. 암 치료 분야

메인 주의 오두막 뒤 정원에서.

의 전문가가 "그의 전문지식에 기초해서 세심한 치료 계획을 세웠고, 그를 통해 나는 이곳(실버스프링)에 있는 한 사람을 소개받았는데, 그 사람은 방사선 치료 분야에서 명성이 자자한 사람이고 그래서 우리는 치료를 시작했다"는 내용이었다.

레이첼은 자신의 건강 문제를 사람들에게 이야기하지 않기로 했다. 그해 크리스마스에 레이첼은 집 뒤에서 로저와 함께 가문비나무 씨앗을 찾았다. 그는 씨앗 하나를 가리키며 이 나무는 다람쥐들의 삶터라고 설명해 주었다.

크리스마스 이브에 붉은 다람쥐들이 와서 작은 조개껍데기와 솔방울, 그리고 이끼의 은색 실로 이 나무를 장식한단다. 그러면 눈이 내리고 반짝이는 별들이 그 위를 덮지. 그래서 아침이면 다람쥐들은 예쁜 크리스마스 트리를 갖게 된단다.

그들은 벌레들과 토끼들, 그리고 숲 속에 사는 다른 동물들을 위해 가장 좋은 크리스마스 트리를 찾아 주는 놀이를 즐겼다.

한 친구에게 보낸 편지에서 그해의 크리스마스를 어떻게 지냈는지 레이첼은 이렇게 썼다. "우리는 이곳에서 행복한 하루를 보냈어. 우주시대의 장난감에 둘러싸인 8살 소년이 즐거운 크리스마스를 보낸다는 것은 쉬운 일이 아닌데도 말이야."

1월이 되자 레이첼은 무릎과 발목에 염증이 생겨 거동이 불편해졌다. 3주일 동안 걸을 수가 없었던 그는 새로 고용한 간호사와 가정부 이다에게 의지해서 살았다. 그는 책을 더 쉽게 쓸 수 있는 방법을 찾으려고 편집자와 상의했다.

병에 시달리고 있었지만 레이첼은 집 안에서 봄을 즐겼다. 3월에 그는 이렇게 썼다.

> 오늘 아침은 7시에 기러기들의 울음소리로 시작되었다. 나는 비틀거리며 창문으로 가서(기러기 떼를 보라고 로저를 소리쳐 불렀다) 기러기들의 울음소리와 그 검은 새 떼들이 회색 하늘을 날아가는 광경을 제때에 듣고 보기 위해 창문을 열었다.

서서히 레이첼은 집필을 다시 시작했다. 그는 독극물에 대한 장의 초고를 완성했다. 그는 『침묵의 봄』의 삽화를 여러 권의 책(대부분이 아동용 도서였다)에 삽화를 그린 경험이 있는 보이스와 루이스 달링 부부에게 맡기기로 했다.

『침묵의 봄』의 속표지에
실린 로이스와 루이스
부부의 삽화.

　레이첼은 1961년 여름에 메인 주로 갔다. 그는 3년 동안 『침묵의 봄』의 집필을 계속해 오고 있었다. 그는 어서 집필을 끝내려고 안간힘을 썼다. 무엇보다도 사람들이 화학 살충제를 점점 더 많이 사용하고 있었기 때문이었다.

　언제나 그랬듯이, 바닷가의 오두막은 그 어떤 약보다도 레이첼에게 좋은 치료제가 되었다. 그는 주로 밤에 작업을 했는데, 밤늦도록 자지 않고 글을 썼다. 마리가 『침묵의 봄』에 관해 상의하기 위해 사우스포트로 왔다. 폴 브룩스도 왔다.

　로저가 낮에 캠프에 가 있는 동안, 레이첼은 여느 엄마처럼 집

안을 청소하고 쇼핑을 하고 식사를 준비했다. 어떤 날에는 프리먼 부부의 손자손녀들이 와서 로저와 함께 집을 들락거리고 바닷가와 숲 속을 뛰어다니며 놀았다. 그들은 또 집에서 장난감을 가지고 놀기도 했다. 그들은 현관에 앉아서 세계 여러 곳에서 일어나는 일과 그 지역에서 있었던 사건에 대해 이야기를 나누기도 했다. 로저가 "할머니, 나 심심해요" 하고 말하면, 레이첼은 하던 일을 멈추고 그 애와 놀아 주었다. 때로는 그와 도로시가 세 아이들과 함께 숲 속을 산책하거나 집 아래 바닷가를 탐험하기도 했다.

『침묵의 봄』에서 '필요없는 파괴'라는 제목이 붙은 장의 서두에 실린 삽화.

몇 년 후, 도로시의 손녀 마르타 프리먼은 두 할머니와 함께 놀았던 일을 이렇게 회상했다.

할머니들은 우리의 관심을 소나무 숲의 이끼와 버섯, 바닷가의 총알고둥과 작은 불가사리, 바다에서 놀고 있는 물개와 오리들, 해변에 부딪치는 파도, 나무 꼭대기로 스며드는 햇빛 등으로 돌리려고 애쓰셨다. 나는 어떤 과학 용어도 배우지 않았다. 그냥 보는 법을 배웠을 뿐이다.

여름이 지나 레이첼이 그의 오두막을 닫을 무렵, 그의 집필 작업은 마무리 단계에 접어들고 있었다. 그는 가을에 원고를 다듬었고, 이듬해 1월쯤에는 원고의 대부분이 마리 로델, 폴 브룩스, 그리고 《뉴요커》의 편집자인 윌리엄 숀에게 가 있었다.

원고를 읽은 숀은 레이첼에게 전화를 걸어 축하한다고 말했다. 도로시 프리먼에게 보낸 편지에서 레이첼은 자기의 느낌을 다음과 같이 묘사했다.

나는 그의 반응을 보고 나의 메시지가 제대로 전달되었다는 것을 알았습니다. 로저가 잠이 든 후, 나는 제피를 데리고 서재로 가서 베토벤의 바이올린

레이첼과 도로시가 아이들과 함께 산책하던 레이첼의 오두막 뒤에 있는 숲.

협주곡을 연주했답니다. 그 곡은 당신도 알다시피 내가 좋아하는 곡 가운데 하나지요. 그러자 갑자기 4년 동안의 긴장이 풀리면서 두 눈에서 눈물이 흘러내리더군요.

『침묵의 봄』은 《뉴요커》 1962년 6월호부터 연재되었다. 그리고 세 달 뒤 휴턴 미플린 출판사가 이 내용을 책으로 출판했다. 많은 과학자들은 그의 책만큼 세상에 큰 영향을 끼친 책은 100여 년 전에 진화론을 소개해서 논란을 일으켰던 찰스 다윈의 『종의 기원』 이후로 없을 것이라고 확신했다.

 10. 생애의 마지막 여행

1962 ~ 1964

> "외로운 산정이나 바다 또는 숲의 정적에 자신을 내맡기는 사람, 잠깐 걸음을 멈추고 씨앗이 싹을 틔우는 작은 신비에 대해 생각해 보는 사람은 누구나 자연 세계와 접촉하는 즐거움을 맛볼 수 있다."

책이 출간된 지 2주도 지나기 전에 『침묵의 봄』은 《뉴욕타임스》베스트셀러 목록에 올랐다. 그리고 그달 말쯤에는 베스트셀러 1위의 자리를 차지했다. 뒤에 이 책은 수십 개의 언어로 출판되어 전 세계에 커다란 영향을 미쳤다.

미국 전역의 신문들이 "레이첼 카슨 분쟁을 일으키다," "침묵의 봄이 시끄러운 여름이 되다" 등의 제목을 달아 이 책에 대한 기사를 실었다. 신문의 편집자들과 칼럼니스트들이 저마다 자신들의 견해를 제시했다. 누구나 『침묵의 봄』에 대해 할 말이 있는 것 같았다. 레이첼은 전국을 강타한 논쟁의 중심이 되었다.

책이 나오기 전부터 레이첼은 이미 공격을 받기 시작했다. 그러나 레이첼은 이런 공격에 충분히 대비하고 있었다. 그는 한 구절 한 구절을 철저히 검토해서 오류가 없도록 했던 것이다.

공격자들 가운데 하나는 클로르데인이라는 살충제를 만드는 회사인 벨리스콜이었다. 이 회사는 책이 나오는 것을 막기 위해 클로르데인을 다룬 레이첼의 기술을 문제 삼아 휴턴 미플린 출판사를 상대로 소송을 제기하겠다고 위협했다. 출판사 측에서는 레이첼의 자료를 다시 확인했고, 그의 주장이 옳다는 것을 재확인했다. 결국 이 소송은 기각되었고 책은 출판되었다.

한편 미국농화학협회는 25만 달러의 거금을 들여 레이첼이 기술한 '사실'을 반박하는 소책자를 만들었다. 그들은 레이첼의 허락도 받지 않고 『침묵의 봄』의 일부를 인용하기도 했다.

《타임》은 레이첼이 "감정을 자극하는 단어들을 사용"해서 일반 독자들에게 겁을 주었으며, "사실을 지나치게 단순화함으로써 결정적인 오류를 범했다"고 그를 비난했다. 또 다른 사람들은 레이첼이 과학자의 양식을 잃어버렸다고 비난하면서 그를 자연의 여사제, 조류애호가, 공산주의자라고 불렀다. 가장 널리 읽힌 반(反)카슨 기사에서 한 저명한 영양학자는 그의 책을 무시해야 한다고 주장했다.

건강이 나빴던 탓에 레이첼은 여러 사람 앞에 자주 나설 수 없었다. 그러나 미국여성위원회가 주최한 강연회에서 그는 비판자들에게 이렇게 대답했다.

제가 내일 당장 화학물질을 포기하고 이 세상을 곤충들에게 넘겨줘야 한다고 주장한다고 여러분들에게 믿게 하려는 사람들이 있습니다. 그런 말을 하는 사람들은 『침묵의 봄』을 읽지 않았거나 읽었다 하더라도 그것을 올바르게 해석하려고 하지 않는 사람들입니다. 모든 화학물질들을 내일 당장 포기하는 것은 우리가 그것을 원한다 해도 불가능한 일일 것입니다. 우리가 할 수 있고 또 해야 할 일은 가능한 한 빨리 화학물질들을 한층 더 효율적인 새로운 방식으로 대치하는 확실한 계획을 세우고 그 계획을 확고하게 밀고 나가는 일입니다.

『침묵의 봄』은 그 책이 지닌 장점과 그 저자의 명성 때문에 인기를 누렸다. 재담을 잘하기로 유명한 미 대법원 판사 윌리엄 O. 더

글러스는 이 책을 "이번 세기에 인류를 위한 가장 중요한 사건"이라고 했다. 많은 저명한 과학자들을 비롯한 또 다른 사람들은 『침묵의 봄』과 그 책을 쓴 레이첼의 용기를 찬양했다.

레이첼은 이러한 평들과 또 대부분이 레이첼의 편을 드는 독자들이 보내온 편지에서 힘을 얻었다. 날마다 그의 집 편지함에는 레이첼을 지지하는 편지들이 넘쳤다. 그는 그 편지들을 소중하게 생

『침묵의 봄』을 읽은 이들의 반응은 극단적인 찬반 양론이었다. 레이첼이 세상을 떠난 후에 발표된 이 만화는 찬반 어느 쪽으로도 해석될 수 있다. 생태계에 대한 레이첼의 균형 잡힌 접근을

각했다. 한 편지에는 이렇게 적혀 있었다.

오늘 밤 허드슨 강을 따라 차를 몰고 집으로 가면서 나는 내가 오늘 당신의 아름답고 사랑에 넘치는 글을 읽었기 때문에 더 인간적이 되었다고 느낄 겁니다. 나는 또 당신의 조용하면서도 힘찬 웅변이 많은 사람들의 눈을 뜨게 하고 많은 병들의 마개를 닫을 것임을 알고 있습니다.

동물 세계가 찬양하고 있는 것으로도 해석할 수 있고, 그의 견해 때문에 해충들이 세상을 차지해 버릴 것이라는 역설적인 예측으로도 해석될 수 있기 때문이다.

그 편지의 윗부분에 레이첼은 이렇게 썼다. "이 편지가 나의 긴 수고를 가치 있는 것으로 만들어 준다."

처음에 그는 모든 편지에 답장을 직접 쓰려고 했다. 그러나 편지가 수천 통이나 쏟아져 들어왔다. 뒤에 그는 열 가지 서로 다른 표준 답장을 만들었다. 그는 편지를 읽고 종류별로 분류했고, 그런 다음에 그가 직접 또는 비서진을 시켜 그 편지에 맞는 답장을 보냈다. 작가이자 그의 친구인 로이스 크리슬러에게 그는 이런 편지를 보냈다. "이제 많은 일을 할 기회가 왔는데 내 몸이 말을 듣지 않는군요. 나는 내게 남은 시간이 얼마 안 된다는 걸 알고 있답니다."

전국 각지의 사람들이 의회와 농무부, 내무부, 식품의약청(FDA) 등과 같은 정부 기관에 편지를 보냈다. 그들은 또 지방 및 군의 기관들에도 편지를 보냈다. 레이첼의 책을 읽은 그들은 정부가 무언가를 해 줄 것을 요구했다. 존 F. 케네디 대통령은 과학기술국 안에 살충제 사용 실태를 조사하기 위한 살충제위원회를 설치하겠다고 발표했다. 레이첼이 그 위원회 위원들과 만났다.

뒤에 이 위원회는 살충제의 위험을 국민들에게 경고한 레이첼의 공로를 치하하는 한편 몇몇 정부기관들을 비판하는 보고서를 발표했다. 레이첼에게 그것은 하나의 전환점이었다. 이제 정부가 나선 것이었다. 살충제에 문제가 있다는 것을 아무도 부인할 수 없게 된 것이었다.

5월에 환경 파괴 문제를 다루는 정부 청문회가 시작되었다. 1963년 6월 4일 레이첼이 증언을 하던 날, 사진기자들과 기자들, 방청객들이 청문회장을 가득 메웠다. 코네티컷 주 상원의원 에이브 리비코프가 먼저 말했다. "카슨 여사, 위원회를 대표해서 여사가 청문회에 출석하신 것을 환영합니다. 여사는 이 모든 일을 시작한 장본인이십니다."

긴 증언대 앞에 앉은 레이첼이 차분한 목소리로 위원들을 향해 말했다. "여러분들이 조사하기로 택한 문제는 우리 시대에 해결되어야 할 문제입니다. 저는 이 의회 청문회장에서 그 해결을 위한 첫걸음이 시작되었다고 확신합니다."

기자들은 카슨 여사가 수백만 달러 규모의 살충제 업계와 맞선 사람 같아 보이지 않는다는 데 주목했다. 그들은 그가 말씨가 부드러우며 침착하고 차분하다고 썼다.

레이첼은 청문회에 나가 증언하는 와중에도 독자들의 편지에 답장을 보내 주었다. 한편 레이첼은 수많은 상을 받았는데, 그중에서도 특히 레이첼에게 가장 의미 있는 상은 동물복지연구소의 알베르트 슈바이처 메달이었다. 그는 이 메달을 1963년 1월 7일에 받았는데, 수상연설에서 이렇게 말했다.

> 알베르트 슈바이처 박사는 우리가 인간 대 인간의 관계만을 생각한다면 우리는 정말로 문명화된 것이 아니라고 말했습니다. 중요한 것은 인간 대 모든 생명의 관계입니다. 저는 이 상을 받게 된 것을 매우 자랑스럽게 생각합니다. 그러나 한편으로 과연 내가 이 상을 받을 자격이 있나 하고 낯이 뜨거워지기도 합니다.

몇 달 뒤 그는 미국야생생물재단이 뽑은 올해의 보존주의자로 선정되었다. 아메리카 정원클럽은 그에게 최고의 보존상을 수여했고, 아메리카 아이사크 월튼 연맹도 그에게 보존상을 수여했다. 그는 또 야생생물 방어자(Defenders of Wildlife)의 이사로 선임되었다.

CBS는 미국 내에서만 50만 권 이상이 팔린 『침묵의 봄』에 대해 찬반 토론을 벌이는 한 시간짜리 프로그램을 방영하기로 결정했다. 방송국 측은 프로그램의 일부를 메릴랜드에 있는 레이첼의 집에서 녹화했다. 10살 소년이 된 로저가 카메라 장비를 살펴보고 프로그램의 사회자이며 뉴스 해설가인 에릭 세비레이드를 만났다.

〈CBS 리포트〉는 비록 두 광고주-식품판매 회사와 가정용 소독제 회사-가 후원을 거부했음에도 4월 3일에 방영되었다. 미국에서는 1963년에 4억 킬로그램의 살충제가 사용되었다는 에릭 세비레이드의 말로 프로그램을 시작했다.

레이첼은 거실에서 로저와 함께 자기 자신이 자기의 책의 한 구절을 읽으며 개혁과 통제를 요구하는 모습을 지켜보았다. 다른 토론자들이 그를 "자연의 균형"이라는 미명하에 시끄럽게 터무니없는 주장을 펴는 미치광이라고 비난하고 난 뒤, 그는 과학이 "생명과 생명을 잇는 실을 끊어 버리면서 사람들에게 반(半) 진실의 안정제"를 먹이고 있다고 말했다. 그날 수많은 시청자들이 〈CBS 리포트〉를 시청했고 레이첼은 다시 한번 전 국민의 관심의 초점이 되었다.

그해 6월, 진 데이비스가 레이첼과 로저-이제 11살이었다-그리고 고양이 모펫과 제피를 차에 태우고 오두막으로 갔다. 레이첼은 답장을 해 주어야 할 편지 뭉치를 가지고 갔지만, 그에게는 오랜만에 새로 작업을 해야 할 원고가 없었다. 그때쯤 암은 뼈에까지 퍼져 그는 움직이기도 어려울 지경이었다. 그래도 그는 관절염으로 아픈 손을 써서 요리를 하고 간단한 집안일을 하려고 했다.

프리먼 부부와 함께 책을 읽고 있는 레이첼(가운데).

　스탠리 프리먼이 그가 현미경으로 관찰할 샘플을 양동이에 잔뜩 담아 왔다. 가끔 레이첼과 도로시는 집 가까운 곳에다가 담요를 깔고 소풍을 즐겼다. 그들은 가문비나무와 전나무가 마련해 준 파란 지붕 아래 누워 바다에서 들려오는 소리에 귀를 기울이고 나무들 사이를 날아다니는 새들을 지켜보았다. 도로시가 레이첼에게 『버드나무에 부는 바람』 같은 그가 좋아하는 책을 읽어 주기도 했다. 비가 내리는 궂은 날에는 스탠리와 도로시가 레이첼을 차에 태워 그가 좋아하는 해변으로 데려다주기도 했다.

바위가 많은 메인 주의 해안.

그렇게 행복했던 여름은 금방 지나갔다. 레이첼이 오두막을 폐쇄해야 할 무렵, 그가 사랑하는 고양이 모펫이 병이 났다. 레이첼은 집으로 돌아가는 날짜를 미루고 모펫을 동물병원에 데려갔다. 하지만 레이첼의 극진한 보살핌에도 모펫은 며칠 뒤 죽었고, 레이첼은 친구에게 이런 편지를 보냈다. "모펫은 우리 오두막 뒷문 근처 좋은 자리에 묻혀 제가 사랑했던 메인의 일부가 되었답니다."

레이첼은 로저가 학교에 다닐 수 있도록 다시 실버스프링으로 돌아왔다. 그는 지팡이를 짚고 걸었으며, 10월 중순쯤에는 휠체어 신세를 지게 되었다. 그래도 그는 건강을 아랑곳하지 않고 강연을 하기 위해 비행기를 타고 캘리포니아로 갔다. 강연이 끝난 뒤, 그는 시에라클럽의 지도자이며 보존주의자인 데이비드 브라워와 함께 캘리포니아의 뮤어 숲을 찾음으로써 평생 간직해 온 꿈을 이루었다. 국립공원의 가이드가 거대한 삼나무 사이로 그의 휠체어를 천천히 밀고 다녔다. 그 꿈 같은 날의 하이라이트는 뒤에 찾아왔다. 그는 근처에 있는 로데오 늪에서 200마리가량의 갈색 펠리컨을 보았던 것이다.

12월은 바쁜 한 달이었다. 레이첼은 뉴욕 여행을 하기 위해 새 옷을 샀다. 도로시와 스탠리 프리먼이 그를 태우고 뉴욕으로 갔다.

캘리포니아의 뮤어 숲.

레이첼은 오듀본협회의 메달을 받았다. 여성이 이 메달을 받은 것은 레이첼이 처음이었다. 3일 뒤 그는 미국지리학회로부터 칼럼메달을 받았다. 이튿날 그는 미국한림원(American Academy of Arts and Letters)에 출석해서 한림원의 50명 평생회원 가운데 한 사람으로 뽑혔다. 당시 한림원의 여성회원은 레이첼 말고 3명뿐이었다. 뒤에 그는 스탠리와 도로시와 함께 출석해서 다음과 같은 찬사를 받고 흥분을 감추지 못했다.

과학 지식과 도덕적 감정을 활용하여 살아 있는 자연에 대한 우리의 의식을 깊게 하고 근시안적인 기술적 정복이 우리 존재의 근원 자체를 파괴할 수도 있다는 음울한 가능성을 우리에게 경고해 준 위대한 작가.

같은 시기에 그는 주치의를 만나 X선 사진을 찍고 각종 검사를 받았다. 그는 로이스 크리슬러에게 이런 편지를 보냈다. "검사 결과가 아주 좋아 보입니다. 시간을 추가로 다시 할당받은 것 같은 느낌입니다. 어떻게 지내시는지요? 집필은 어떻게 되어 가고 있는지요? 곧 소식 주시기 바랍니다."

1월 중순에 스탠리 프리먼이 급작스러운 심장발작으로 세상을 떠났다. 그는 깊은 슬픔에 빠졌고, 무엇보다 도로시가 걱정되어 안절부절못했다. 레이첼의 건강도 점점 악화되고 있었다. 그는 하루하루를 소중하게 생각했고, 여름을 한 번 더 메인 주에 가서 보냈으면 하고 꿈꾸었다. 그는 도로시에게 보낸 편지에서 자기는 장기적으로 보아 지는 전쟁을 하고 있지만 가능한 한 많은 전투에서 이길 생각이라고 썼다. 로이스에게 보낸 편지에서는 자기는 어쩌면 폴 브룩스와 그의 아내 수지가 로저를 맡아 양육해 줄지도 모른다고 썼다.

레이첼 카슨은 1964년 4월 14일 메릴랜드 주 실버스프링에서 숨을 거두었다. 그의 나이 56살이었다.

며칠 뒤 교회에서 열린 장례식에서 목사는 레이첼이 그 전해 9월에 도로시에게 보냈던 편지를 읽었다. 도로시와 그가 메인 주에서 제왕나비들이 이동하는 것을 보았던 일을 쓴 편지였다.

무엇보다도 나는 제왕나비를 잊지 못할 거예요. 무슨 보이지 않는 힘에 이끌리듯이 그 조그만 날개 달린 동물들이 서두르지 않고 날아가던 광경 말이에요. 우리는 잠시 그들의 생애에 대해 얘기를 나누었지요. 그들이 돌아올까? 우리는 돌아오지 않을 거라고 생각했지요. 적어도 그들 중 대부분에게는 그 여행이 생애의 마지막 여행이었으니까요.

제왕나비들.

하지만 오늘 오후 그때의 기억을 되살리며 그 광경이 즐거움을 주는 장관이었다는 생각, 우리는 그들이 돌아오지 않을 거라는 얘기를 하면서도 슬픔을 느끼지 않았다는 생각을 했답니다. 그도 그럴 것이, 어떤 생물이든 자기 주기의 마지막에 이르기 마련이고 우리는 그 마지막을 자연스러운 것으로 받아들이니까요.……

이것이 오늘 아침 그 아름다운 나비들이 내게 가르쳐 준 교훈이랍니다. 나는 그 생각을 하며 가슴 깊이 행복감을 느꼈답니다.

오염된 늪에서 먹이를 찾고 있는 왜가리.

에필로그

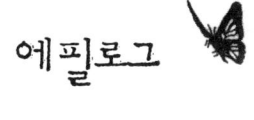

> "자연보존은 끝이 없는 과업이다.
> '이제 우리 일이 끝났다'고 말할 수 있는 때는 영원히 오지 않을 것이다."

레이첼 카슨은 『침묵의 봄』의 즉각적인 영향을 생전에 볼 수 있었다. 그러나 이 책의 장기적인 영향과 그가 역사에서 차지하는 자리는 어떤 것일까?

레이첼은 자기가 죽어 가고 있다는 것을 알면서도 사람들에게 살충제의 폐해를 알리는 일을 돕는 위원회를 창설하는 일을 논의했다. 그의 친구들이 1965년에 워싱턴에서 레이첼 카슨 위원회를 설립했다. 이 위원회는 화학물질에 의한 오염, 특히 『침묵의 봄』에서 탐구된 살충제 문제, 그리고 사람들에게 자연계의 복잡성과 경이

로움을 알려 주려고 했던 레이첼의 노력에 초점을 맞추고 있다. 레이첼의 오랜 친구인 셜리 브리그스가 이 위원회의 전무가 되었다.

『침묵의 봄』의 영향을 받은 국민들의 아우성이 높아지자 미국 정부는 1970년에 환경관리국(EPA)을 신설했다. EPA가 하는 일 가운데 하나는 살충제와 기타 독성 오염물질들을 검사하고 규제하는 것이다. 지난 몇 년 사이에 미국 정부는 더욱 엄격한 환경기준을 시행해서 DDT와 많은 다른 위험한 살충제의 사용을 거의 금지시켰다.

살충제에 대한 전 세계의 관심과 우려에도 미국의 화공업계는 번영을 누리고 있다. 1990년대의 살충제 연간 제조량은 레이첼 카슨이 살충제에 대한 경고를 발표했던 당시의 네 배가 넘는다. 전 세계적으로 1년에 약 36억 킬로그램의 살충제가 생산되고 있는 것으로 추산되고 있다. 현재 사용되고 있는 화학제품들 대부분은 여전히 환경에 위험을 안겨 주고 있다. 연방정부의 살충제 규제는 느슨한 상태이다. DDT는 미국에서는 사용이 제한되고 있지만, 여전히 미국에서 제조되어 해외로 수출되고 있다.

죽기 전에 레이첼 카슨은 살충제 사용이 금방 중지되지는 않으리라는 것을 알고 있었다. 그는 우리가 살충제에 의존하지 않고 "지구의 보존을 보장하는 목적에 이르는 마지막이며 유일한 기회를 제공하는 다른 길을 택해야 한다"고 역설했다. 그 "다른 길"에는 땅을 자연상태로 보존하는 것도 포함된다.

그의 유언장에서 레이첼은 야외활동 후원 및 정부 입법에 의해 자연보존을 증진하는 단체인 시에라클럽과 자연보존을 위해 토지를 사들이는 기구인 자연보존회(Nature Conservancy)에 많은 재산을 기부했다. 레이첼은 자연보존회가 메인 주의 해안과 섬 보호구역을 관리하는 데 필요한 돈을 이 단체에 기부했다. 그 보호구역은 지금 레이첼 카슨 해안보호구역 시스템이라 불리고 있다.

1969년 레이첼 카슨의 가장 열렬한 찬양자 가운데 한 사람인 언론인 앤 코트렐 프리는 정부가 한 야생생물 보호구역을 레이첼 카슨의 이름을 따서 명명하는 것이 어떻겠느냐는 제안을 했다. 그러자 열흘도 지나기 전에 내무부장관 월터 히켈에게 그 제안을 지지하는 편지가 전국 각지에서 약 2,000통이나 쇄도했다.

히켈이 메인 주의 해안을 따라 있는 국립 야생생물 보호구역을 레이첼 카슨의 이름을 따서 붙임으로써 프리의 제안은 실현되었다. 히켈은 1970년 6월 27일 습지에 오솔길이 꼬불꼬불 나 있는 메인 주 웰스에 있는 보호구역 관리본부에서 보호구역 명명식을 가졌다. 그는 레이첼의 친구들에게 "레이첼 카슨 국립 야생생물 보호

조수가 빠져나간 소금못. 레이첼 카슨 해안보호구역 시스템의 일부이다.

구역은 우리 모두를 위한 환경 개선에 일생을 바친 사람에게 고마워하는 국민들이 바치는 찬사로서 오래오래 남을 것"이라고 말했다. 조수가 드나드는 늪지와 바다를 내려다보는 숲 속 빈터에 세워진 명판이 제막되었다.

그로부터 10년 후인 1980년 6월 9일, 지미 카터 대통령은 백악관 남쪽 잔디밭에서 저명인사들로 구성된 손님들을 마주하고 있었다. 그는 미국 민간인에게 수여되는 최고의 상인 대통령 자유메달을 레이첼 카슨을 비롯한 14명의 저명인사들에게 수여하고 있는 중이었다. 카터 대통령은 레이첼의 종손인 로저 크리스티에게 메달을 주고 표창 내용을 낭독했다.

파괴적 풍조에 맞서 결코 침묵하지 않은 레이첼 카슨 여사는 아메리카와 전 세계에 인식의 봄을 불러왔습니다. 부드럽지만 또렷한 목소리를 지닌 생물학자였던 여사는 자기의 청중들을 자기처럼 바다를 사랑하도록 이끌었고, 똑같이 또렷하고 결의에 찬 목소리로 미국인들에게 인간 스스로 그들의 환경에 입히는 위험을 경고했습니다. 언제나 관심을 잃지 않았고 언제나 웅변적이었던 여사는 빠지지 않는 환경 인식의 조수를 일으켰습니다.

다시 약 1년 뒤인 이듬해 5월 27일 레이첼의 생일에 미국 체신청은 그를 기념하는 17센트짜리 우표를 발행했다. 기념우표 발행 기념식이 레이첼 카슨의 고향 마을인 펜실베이니아 주 스프링데일에서 거행되었다.

그가 어린 시절에 살았던 집은 국가유적지로 지정되어 곧 일반에 공개될 예정이다. 헌신적인 자원봉사자들이 그의 생가와 1에이

레이첼 카슨 기념 우표(17센트).

커의 토지로 이루어진 레이첼 카슨 농장을 관리하고 있다.

가까운 피츠버그에 있는 채텀 대학 역시 이 학교가 배출한 유명한 졸업생을 자랑스럽게 생각하고 있다. 1989년 이 대학은 레이첼 카슨의 이상과 정신을 널리 알리기 위해 레이첼 카슨 연구소를 설립했다. 채텀 대학에서 주최하는 레이첼 카슨의 날에는 고등학교 학생들의 에세이 콘테스트와 환경보호 활동 등이 벌어진다.

펜실베이니아 주는 레이첼 카슨의 탄생을 기리는 법안을 통과시켰다. "일반적으로 '생태학 시대의 어머니'로 인식되고 있는 레이첼 카슨을 기리기 위해" 매년 5월 27일을 "레이첼 카슨 데이"로 지정한 것이다.

이 모든 영예 가운데서 레이첼이 특히 소중하게 생각했을 한 가지가 있다. 그가 세상을 떠날 무렵, 대머리독수리, 송골매, 갈색 펠리컨이 멸종 위기에 놓여 있었다. 초기의 DDT 남용으로 인해 이 새들이 껍데기가 얇은 알을 낳고 그 알에서 기형의 새끼들이 나왔기 때문이다. 미국에서 DDT 사용이 규제된 후, 과학자들은 인공으로 부화하여 새끼를 길러서 이 종들을 구해 보려는 노력을 시작했다. 1979년 워싱턴에 있는 내무부 건물 지붕에서 건강한 어린 송골매 세 마리가 방사되었는데 그중 한 마리에 레이첼이라는 이름이 붙여졌다.

메인 주 오두막 현관에 앉아 있는 레이첼.

- 부록 -

『침묵의 봄』은 어떤 책인가?
레이첼 카슨 연보

『침묵의 봄』은 어떤 책인가?

1.

레이첼 카슨(1907~64)은 이 책에서 말하고 있는 것처럼 해양생물학자이면서도 감성이 풍부하고 글을 잘 쓰는 작가로도 유명했다. 그리고《타임(TIME)》지가 뽑은 20세기를 변화시킨 100인 가운데 한 사람이기도 하다. 1962년 9월에 휴턴 미플린 출판사에서 출간된 『침묵의 봄(Silent Spring)』은 바로 레이첼 카슨이라는 이름을 전 세계에 알리게 된 그녀의 대표적인 작품이다. 하지만 아쉽게도 이 책은 그녀의 마지막 작품이 되었다. 살충제를 비롯한 유독성 화학물질의 위험성을 경고하고 있는 이 책의 내용을 두고 사회적으로 찬반 논쟁이 치열하게 벌어지기도 했다. 하지만 이 책이 출간되자 카슨이 경고한 것은 대부분 진실이라는 것이 밝혀져 전 세계적으로 환경에 대한 관심이 새롭게 일어났고, 결국 이 책은 세계를 대표하는 100인의 석학들이 선정한 '20세기를 움직인 책 10권'에도 선정되는 영광을 누리게 되었다. 지금으로부터 이미 55여 년 전에 오늘날 우리가 겪고 있는 생태 환경의 재앙을 내다보고 경종을 울렸다는 것은 참으로 놀라운 일이다. 레이첼이 경고한 생태계의 재앙은 우리 생활 주변에서 심각한 상태로 진행되고 있으며 날로 악화되고 있다. 레이첼은 우리 시대의 생태환경운동을 처음 시작한 사람이라고 해도 지나치지 않을 것이다. 현재 『침묵의 봄』은 『자본론』(칼 마르크스), 『국부론』(애덤 스미스), 『종의 기원』(찰스 다윈) 등과 함께 세계 역사를 바꾼 위대한 책으로 평가받고 있다.

2.

봄이면 과수원의 푸른 밭 위로 흰 구름이 흘러가고 흰 꽃들이 안개처럼 깔렸다. 가을이면 온갖 나무들이 단풍으로 산을 붉게 물들였다. 저 멀리 숲 속에서는 여우의 처량한 울음소리가 들려오고, 가을 안개 속에서 소리 없이 들판을 뛰어가는 사슴의 모습도 보였다. 숲에는 다양한 새들이 지저귀고, 맑고 깨끗한 냇물에는 물고기도 많았다. 길가에서는 온갖 나무와 들꽃들이 사람들의 눈을 즐겁게 해 주었다. 겨울에도 이곳은 아름다웠다. 눈 위로 솟아나온 마른 잡초의 씨를 쪼아 먹으려고 갖가지 새들이 몰려들었다. 봄가을에도 철새들이 큰 무리를 지어 몰려왔다. 생명을 가진 모든 것들이 자연과 잘 조화를 이루며 살아가고 있었다.

그런데 웬일인지 어두운 그림자가 이 마을을 덮으면서 모든 것이 달라지기 시작했다. 가축들이 이름 모를 병에 걸려 죽어 갔다. 모든 곳이 죽음의 장막으로 덮였다. 의사들도 처음 보는 이런 병에 몹시 당황할 뿐이었는데, 그러는 동안에 사람도 죽어 갔다. 그렇게 아름다웠던 길가의 풀들도 누렇게 시들었다. 시냇물까지도 생명을 잃은 것 같았다. 냇물의 물고기도 모두 죽었다. 자연은 소름이 끼칠 정도로 조용했다. 그렇게 재잘거리던 새들은 다 어디로 갔는가? 봄은 왔는데 침묵만이 계속되었다. 침묵만이 온갖 것을 지배하고 있을 뿐이었다.

『침묵의 봄』 초판 표지.

왜 이런 일이 벌어진 것일까? 몇 주일 전에 흰 가루가 흰 눈처럼 지붕과 뜰, 들판과 냇물에 떨어졌었다. 사람이 만들어 낸 흰 가루, 살충제가 뿌려졌던 것이다. 이 병든 세계는 어떤 마술이나 어떤 적군에게 습격당해 생긴 것이 아니다. 이 모든 것이 인간 스스로 만든 것이다.

『침묵의 봄』은 인간이 사용하는 살충제, 제초제 등의 화학물질이 얼마나 위험한 결과를 가져오는가를 보여 주는 위와 같은 짤막한 우화('내일을 위한 우화') 한 편으로부터 시작한다.

레이첼 카슨은 인간이 자연 환경에 가한 공격 중 가장 놀라운 것은 위험하고 때로는 치명적인 화학물질로 공기와 토양과 물을 오염시킨 일이라고 한다. 그 오염은 결국 자연뿐만 아니라 그곳에서 살고 있는 생물들에게도 돌이킬 수 없는 재난을 불러오기 때문이다. 이 책을 쓴 이유가 바로 여기에 있음을 레이첼은 이 '내일을 위한 우화'의 마지막에 적어 놓았다. "오늘날 미국의 수많은 마을에서 활기 넘치는 봄의 소리가 들리지 않는 것은 왜일까? 그 이유를 설명하기 위해 이 책을 쓴다."

『침묵의 봄』은 '내일을 위한 우화' 외에 16개 장으로 나누어 환경오염의 원인과 실태, 그리고 화학물질의 위험성 들을 낱낱이 파헤쳐 우리에게 경고의 메시지를 보내고 있다. 물론 이러한 환경오염을 줄이고, 화학물질의 피해를 최소화할 수 있는 방법들도 빼놓지 않고 알려 준다.

3.

레이첼은 화학약품에 오염되지 않은 곳은 찾아보기 어려운 시대에 우리가 살게 되었다고 지적한다. 강물도, 땅 밑을 흐르는 지하수도 오염되어 있다. 살충제를 비롯한 화학약품은 가축, 물고기, 새, 야생동물의 체내에까지 들어가서 머물고 있다. 도시에서 멀리 떨어진 산간 벽지 호수의 물고기에서도, 땅속을 기어다니는 지렁이에서도, 새의 알에서도 화학약품이 발견되고 있으며, 인간 자신의 몸에도 이런 물질들이 축적되고 있다. 엄마의 젖에서도, 아직 태어나지 않은 아기 몸의 조직 중에서도 이런 화학약품이 발견되고 있다. 살충제인 DDT나 이와 비슷한 화학물질이 가장 무서운 이유 중의 하나는 그 무서운 독성과 함께 먹이사슬을 통해 그것이 한 유기체로부터 다른 유기체로 옮아간다는 것이다. 독은 어머니로부터 자손들에게도 전달된다. 화학약품이 핵무기에 못지않은 중대한 문제로 대두된 또 하나의 이유는 그것의 직접적인 독성 말고도 그것이 동물과 식물의 조직 가운데 축적되어 생식세포까지 파괴하기 때문이다. 그것은 유전인자를 파괴하거나 변화시키기까지 한다.

레이첼 카슨.

살충제의 독성이 얼마나 무서운지를 살펴볼 필요가 있다. 유기인산 에스테르계의 살충제들은 맹독성을 지닌 물질이다. 이 화학약품은 그것을 뿌린 사람은 물론이고 주의를 하지 않아 간접적으로 이 약품에 접촉하여도 급성중독을 일으킨다. 이 약의 막을 둘러 쓴 야채를 만지든지 쓰고 남은 빈 통을 만져도 같은 증상이 일어난다. 또한 침투성이 있는 살충제의 세계는 무시무시하다. 이런 종류의 살충제가 뿌려진 나뭇잎이나 열매를 먹으면 벌레는 그 자리에서 죽고, 나무에서 흘러나온 맛있는 냄새에 이

끌려 찾아온 벌레도 죽는다. 꿀벌이 열심히 날라다 만든 꿀도 독 있는 꿀이 된다.

이런 화학약품들은 처음에 2~3종류의 해충을 죽이려고 만들어 낸 것이다. 그러나 이 유독성 물질들은 해충만 죽이는 것이 아니라 익충도 모두 죽였다. '살충제'라고 했지만 '살생제'라고 해야 할 것이다.

살충제의 역사를 보면 악순환의 역사다. DDT가 등장한 뒤부터 독성이 더욱 강한 것을 쓰지 않으면 안 되었다. 한 약품에 견딘 곤충이 면역성을 얻어 이것을 죽이기 위해서는 더 강한 살충제를 쓰지 않으면 안 되었기 때문이다. 그러므로 화학약품으로 곤충을 박멸하려는 전쟁에서 사람이 승리한 적은 한 번도 없었다고 말해도 좋을 것이다.

레이첼은 제초제의 위험성도 자세히 지적했다. 제초제는 식물에게만 해를 주고 동물에게는 아무런 해를 끼치지 않는다고 생각하는 사람들이 있지만 그렇지 않다는 것이다. 제초제 중에는 식물뿐만 아니라 동물의 조직에도 영향을 끼치는 것들이 적지 않다. 어떤 것은 몸 전체에 해독을 끼치며, 그 자체로 또는 다른 약품과 결합하여 악성종양(암)을 일으킨다. 유전자에 돌연변이를 일으켜 유전에 심각한 영향을 주기도 한다. 방사능이 유전에 얼마나 위험한 작용을 하는가에 대해서는 그렇게 두려워하면서도 함부로 뿌린 화학약품이 가져오는 위험에 대해서는 왜 그도록 무관심한지 알 수 없는 일이라고 레이첼은 경고했다.

레이첼은 생명의 근원이라 할 물이 오염되고 있는 데 대해서도 심각한 우려를 나타냈다. 원자로, 연구소, 병원으로부터는 방사능폐기물과 여러 화학물질이, 도시에서는 더러운 하수도 물이, 공장에서는 여러 화학물질이 쏟아져 나온다. 여기에 더하여 들과 숲에 살충제 등의 농약들이 뿌려져 날이 갈수록 물이 오염되고 있다. 이런 화학물질들은 서로 결합할 때 상호작용을 일으켜 그 모습을 바꾸고 독성을 증가시키는데, 그것이 어떤 물질을 만들어 내고 얼마나 큰 위험을 가져다주는지는 아직 제대로 연구되지도 않고 알려져 있지도 않다고 레이첼은 말했다. 갖가지 화학약품들이 혼합되어 실험실에서는 생각할 수도 없는 새로운 독성물질이 만들어지는 것은 물의 오염 중 가장 무서운 일이라고 레이첼은 경고했다. 비교적 해가 없는 화학약품이 합쳐졌을 때도 이런 반응이 일어난다고 한다.

물 오염 문제 중 가장 무서운 것은 지하수 전체가 오염되는 것이다. 한 군데 물에 화학약품이 들어가면 그 주변의 물은 전부 오염될 우려가 있다. 과수를 재배하는 지방에서 마시는 물을 실험해 보았더니 실험용 물고기가 4시간도 못 되어 모두 죽었다. 살충제 때문이었다. 살충제를 뿌린 목화밭에서 유독물질이 강의 상류로 흘러들어 15개 지류의 모든 물고기들이 죽은 일도 있다. 땅 위에 살충제나 제초제가 뿌려지면 그것이 빗물에 섞이고 땅속으로 스며들어 끊임없이 움직인다. 그것은 우물물에도 흘러들고 시냇물로, 강으로 흘러들고 마침내 호수나 바다에 이르게 된다.

해로운 화학물질이 먹이사슬을 통해 끊임없이 이동하는 것도 무서운 일이다. 플랑크톤이 화학물질에 오염되면 그 유독물질은 그것을 먹은 물고기로 옮아가고, 그것은 다른 큰 물고기나 새의 밥이 되며, 그 물고기를 먹은 수달이나 곰으로 끊임없이 이동한다. 오염된 물고기를 먹은 새들이 낳은 알에서는 새끼들이 깨어나지 못하거나 깨어나도 곧 죽어 버리는 일이 자주 일어난다. 이런 화학물질은 마침내 수돗물이나 음식물을 통해 사람의 몸으로까지 전달될 것이다.

레이첼은 '흙의 세계'에 대해서도 크게 주목했다. 흙의 일부는 생물들이 만들었다고 할 수 있다. 먼 옛날 무생물과 생물 간의 상호작용에 의해 흙이 만들어졌다고 레이첼은 보았다. 생물은 그것이 만들어 낸 분비물과 유기물질을 통해 흙을 만들어 주었다. 또한 그 흙 속에는 믿을 수 없을 정도로 많은 갖가지 생물들이 살고 있다. 이런 생물들이 살지 않는다면 그 흙은 죽은 흙이 될 것이다. 흙 속에는 박테리아나 진균류 등의 여러 미생물들이 살고 있는데, 땅 표면의 흙 한 숟가락만 떠 보아도 그 속에 몇십억 마리의 박테리아가 살고 있는 것을 볼 수 있다. 박테리아나 균류 및 조류 등은 끊임없이 유기물을 부패시키고 동물, 식물 등의 잔해를 분해하여 그 구성요소인 무기물로 환원시킨다. 이런 미생물이 없다면 흙, 공기, 생물 사이에서 이루어지고 있는 탄소, 질소 등 원소들의 순환운동은 일어나지 못할 것이다.

흙 속에 살고 있는 생물들 가운데서도 매우 중요한 것 중의 하나가 지렁이다. 지렁이는 유기물들을 먹고 그것을 소화하는 과정에서 유기물을 분해하며, 그 배설물을 통해 흙을 비옥하게 해 준다. 그리고 그들이 파 놓은 땅굴은 공기가 잘 드나들게 하여 흙 속에 산소를 공급해 주고, 배수가 잘 되게 하며, 식물 뿌리가 잘 뻗어 나가게 해 준다. 지렁이 때문에 흙 박테리아의 질화작용이 잘 되며 흙이 부패되지 않는다. 이처럼 흙은 무기물과 수많은 유기물과 작은 생명체들이 서로 협동하며 조화와 균형을 이루고 있는 공동체이다.

그런데 이런 흙 속의 균을 죽인다고 독성 화학물질을 직접 흙에 뿌린다든지 살충제 등이 빗물을 타고 흙 속으로 흘러든다면 어떻게 될까? 해로운 균이나 벌레만 죽이고 이로운 미생물이나 벌레는 죽이지 않는다고 말할 수 있을까? 이런 화학물질들은 차별을 두지 않고 미생물이나 벌레들의 생명을 죽이거나 타격을 줄 것이다. 균류와 고등식물의 뿌리 사이에는 서로 도와주는 신비로운 관계가 있는데(예를 들면 콩과의 식물들), 어떤 화학약품들은 이런 균들까지 죽임으로써 식물들에게 결정적인 타격을 준다.

그리고 유독성 농약들은 흙 속에 있는 생물들 사이의 미묘한 조화와 균형을 깨뜨린다. 이러한 균형 때문에 자연은 그 위대한 기능을 발휘하고 있는 것인데, 농약들은 어떤 종류의 토양생물의 수를 급격히 감소시키거나 증가시킨다. 어떤 생물의 개체수가 갑자기 줄어들면 토양생물들 간의 먹고 먹히는 균형이 깨어지면서 어떤 종류의 생물들만이 폭발적으로 늘어나게 된다. 이렇게 되면 흙의 신진대사 활동도 변화되어 생명을 가꾸는 풍요로운 흙은 사라지게 된다.

더구나 또한 무서운 일은 흙에 뿌려진 살충제는 한 달이나 두 달 뒤에 없어지는 것이 아니라 몇 해 동안이나 흙 속에 남아 있다는 사실이다. BHC는 최저 11년 동안 흙 속에 남아 있으며, 클로르데인은 사용 후 12년이 지났는데도 사용한 양의 15%가 검출되었다. 이뿐만 아니라 BHC 같은 농약은 뿌리를 통해 식물의 몸 속으로 들어가 머문다. 이런 식물로 만든 음식을 먹으면 이 살충제는 사람의 몸 속으로까지 흡수될 것이다. 게다가 유독물질은 살충제와 직접 접촉을 하지 않은 다음 세대까지도 전달된다. 또한 살충제가 뿌려진 뒤로 해충과 곤충들은 살충제에 대한 내성이 더욱 강해져서 인간은 예기치 못한 곤충들의 역습을 받아야 할 처지가 되었다.

4.

레이첼은 이러한 모든 일은 생태계의 가장 중요한 진실, 즉 '자연의 모든 구성요소는 서로 연관되어 있다'는 사실을 무시했기 때문에 일어났다고 말한다. 그렇다면 살충제 문제를 해결할 수 있는 답은 무엇일까? 화학약품을 대신할 다른 방법은 없는 것일까? 레이첼은 생물학적인 방법을 제시한다. 인간이 통제하려는 생물을 연구하고 이런 생물이 속해 있는 사회 전체를 이해하여 대책을 마련하는 것이다. 곤충들의 불임(새끼를 못 낳게 하는 것)을 연구하여 번식을 통제한다든지 천적을 이용하는 것도 좋은 방법이 될 수 있다.

    이제 인류는 갈림길에 서 있다. 하나는 지금까지 우리가 달려온 길을 그대로 가느냐, 아니면 다른 길을 찾아 나서느냐 선택해야 할 때를 맞고 있다. 지난날 우리가 달려온 길은 고속도로로서 빠르긴 하지만 파멸의 길이다. 이 길을 그대로 간다면 끝내 파멸을 피할 수 없다. 다른 길은 우리가 살고 있는 이 지구를 안전하게 지키면서 우리 자신의 안전을 함께 지키는 길이다. 자연을 지배의 대상으로 보는 태도부터 버리고 어떻게 하면 자연과 더불어 조화를 이루며 살아갈 것인가를 찾아야 한다. 우리가 살고 있는 지구는 우리 인간만의 것이 아니라는 생각에서 출발한 새로운 상상력이 필요하다고 레이첼은 강조했다.

레이첼 카슨 연보

1907년 5월 27일, 펜실베이니아 주 서부 스프링데일에서 태어남

1918년 《성 니콜라스》지 9월호에 「구름 속의 전투」가 실림

1923년 파나서스 고등학교에 입학함

1925년 파나서스 고등학교를 졸업함

펜실베이니아 여자대학(오늘날의 채텀 대학)에 입학함

1929년 펜실베이니아 여자대학을 수석으로 졸업함

존스 홉킨스 대학 대학원에 입학함

1932년 존스 홉킨스 대학에서 석사 학위 받음

1935년 아버지 로버트 카슨 1세 사망

어업국에서 만든 라디오 프로그램 〈물 속의 로맨스〉의 대본을 씀

1936년 언니 마리안 카슨 사망

어업국 신입 수생생물학자를 뽑는 시험에 수석으로 합격해 정식 공무원이 됨

1937년 《애틀랜틱 먼슬리》 9월호에 「마다 밑」이 실림

1941년   11월, 『바닷바람 아래에서』가 출간됨

1951년   7월, 『우리를 둘러싼 바다』가 출간됨

1952년   채텀 대학에서 문학박사를 받는 등 3개의 명예박사 학위를 받음

　　　　 4월, 『바닷바람 아래에서』의 신판이 출간됨

　　　　 글을 쓰기 위해 어류 및 야생생물 관리국을 그만둠

1953년   메인 주 웨스트 사우스포트에 별장을 지음

1955년   『바다의 가장자리』가 출간됨

1956년   《위민스 홈 컴패니언》에 「당신의 자녀가 경이를 느끼도록 도와주라」가

　　　　 실림. 10년 뒤 이 글은 『경이감』이라는 책으로 출간됨

1957년   《홀리데이》에 「끊임없이 변하는 우리의 해안」이 실림

1958년   어머니 마리아 카슨 사망

1962년   9월, 『침묵의 봄』이 출간됨

1963년   환경 파괴에 대한 정부 청문회에서 증언함

　　　　 동물복지연구소의 알베르트 슈바이처 메달을 받음

　　　　 『침묵의 봄』을 다룬 토론 프로그램 〈CBS 리포트〉가 방영됨

　　　　 캘리포니아의 뮤어 숲을 찾아 평생 간직해 온 꿈을 이룸

1964년   4월 14일, 메릴랜드 주 실버스프링에서 눈을 감음

이 책에 실린 사진과 삽화들의 출처는 다음과 같습니다.

5, 12, 17(아래 사진), 21, 23, 24, 28, 40, 46, 56, 85, 106, 177쪽: The Beinecke Rare Book and Manuscript Library, Yale University. 111쪽: Schmuel Thaler. 1, 7, 9, 10~11, 170~171쪽: Mark A. Klingler. 17(위 사진), 142, 166쪽: Ginger Wadsworth. 19, 26쪽: Rachel Carson Council, Inc. 33, 36쪽: Archives, Chatham College. 51쪽: John Clifton. 53, 101, 162쪽: David Molchos. 64, 75, 88쪽: Rachel Carson Council, Inc. (photographs by Shirley Briggs). 68, 103(위 사진), 155쪽: Tony La Gruth. 72, 116쪽: Jeff Greenberg. 77쪽: NOAA National Marine Fisheries Service. 81쪽: Center for Environmental Education, Washington, D.C. 82, 104쪽: U.S. Fish and Wildlife Service/Rex Gary Schmidt. 91쪽: Wendy W. Cortesi. 94(위 사진), 99, 136, 154, 169쪽: Stanley Freeman, Jr. 94(아래 사진): Pete Honig. 96쪽: Alfred Eisenstaedt, Life Magazine ⓒ 1962 Time Warner Inc. 103(아래 사진), 133쪽: Doyen Salsig. 108~109쪽: Bob Hines/The Beinecke Rare Book and Manuscript Library, Yale University. 112쪽: The Bettman Archive. 117쪽: Center for Marine Conservation. 119쪽: Connecticut Coastal Program Staff. 123쪽: FAO. 126, 144쪽: Rachel Carson Council, Inc.(ⓒ photographs by Erich Hartmann). 129쪽: Agricultural Extension, University of Minnesota. 139, 140쪽: Lois and Louis Darling from *Silent Spring* by Rachel Carson, Copyright ⓒ 1962 by Rachel L. Carson. Reprinted by permission of Houghton Mifflin Company. All rights reserved. The Beinecke Rare Book and Manuscript Library, Yale University. 131쪽: Ingert Gruttner. 148-149쪽: UFS, Inc. 157쪽: National Park Service. 160쪽: U.S. Fish and Wildlife Service/Milton Friend.

옮긴이 황의방

서울대 문리대 영어영문학과를 졸업하고,《동아일보》기자로 재직 중 언론민주화운동 과정에서 해직되었으며,《리더스 다이제스트》한국어판 주필을 지냈다. 현재 전문 번역가로 활동하고 있다.
옮긴 책으로는『나는 고발한다』,『드레퓌스 사건과 지식인』,『마찌니 평전』,『새로운 전쟁』,『인디언의 선물』,『동화로 읽는 그리스 신화』(12, 15, 16),『빅터 프랭클』등이 있다.

두레아이들 인물 읽기 ❷

레이첼 카슨

『침묵의 봄』을 쓴 생태환경운동의 선구자

1판 1쇄 발행 2005년 7월 12일
개정판 1쇄 발행 2016년 3월 31일
개정판 4쇄 발행 2022년 7월 8일

지은이 진저 워즈워스 | 옮긴이 황의방
펴낸이 조추자 | 펴낸곳 두레아이들 | 등록 2002년 4월 26일 제10-2365호
주소 서울시 마포구 독막로100 세방글로벌시티 603호
전화 02)702-2119(영업), 703-8781(편집)
팩스 02)715-9420 | 이메일 dourei@chol.com | 블로그 blog.naver.com/dourei

* 책값은 뒤표지에 적혀 있습니다. 잘못 만들어진 책은 구입하신 곳에서 바꾸어 드립니다.
* 이 도서의 국립중앙도서관 출판예정도서목록(CIP)은 서지정보유통지원시스템 홈페이지(http://seoji.nl.go.kr)와 국가자료공동목록시스템(http://www.nl.go.kr/kolisnet)에서 이용하실 수 있습니다.(CIP제어번호: CIP2016006483)

ISBN 978-89-91550-75-9 73840